August Weismann

Über germinal-selection, eine Quelle bestimmt gerichteter Variation

August Weismann

Über germinal-selection, eine Quelle bestimmt gerichteter Variation

ISBN/EAN: 9783743627918

Hergestellt in Europa, USA, Kanada, Australien, Japan

Cover: Foto ©ninafisch / pixelio.de

Weitere Bücher finden Sie auf **www.hansebooks.com**

ÜBER

GERMINAL-SELECTION

EINE QUELLE

BESTIMMT GERICHTETER

VARIATION.

VON

AUGUST WEISMANN
FREIBURG I. BR.

JENA,
VERLAG VON GUSTAV FISCHER.
1896.

Vorwort.

Die vorliegende Schrift wurde in der ersten allgemeinen Sitzung des internationalen Zoologen-Congresses zu Leyden am 16. September 1895 vorgetragen. Mehrere Ausführungen jedoch, die beim mündlichen Vortrag der Kürze halber wegbleiben mussten, sind hier wieder eingefügt und ausserdem ein „Anhang" beigegeben worden, in welchem unter der Form von Zusätzen einige Punkte genauer beleuchtet werden, als es in dem Vortrag selbst geschehen konnte.

Der Grundgedanke der Schrift — die Existenz einer Germinal-Selection — ist schon vor einiger Zeit von mir dargelegt worden [1]), wird aber erst hier auf breiterer Grundlage vollständig durchgeführt und als eine nothwendige Ergänzung des Selectionsvorganges nachzuweisen versucht. Durch die Erkenntniss dieses Vorgangs scheint mir der Widerstreit gelöst zu werden, den die Gegner der Selectionstheorie mit Recht darin erkannten, dass die Zweckmässigkeiten der Organismen, also die für ihre Existenz noth wendigen Anpassungen, durch zufällige Variationen

---

[1]) „Neue Gedanken zur Vererbungsfrage, eine Antwort an Herbert Spencer". Jena 1895.

zu Stande kommen sollten. Wenn allerdings auch die primären Variationen immer „zufällige" bleiben, so hoffe ich doch, hier gezeigt zu haben, dass ein innerer Mechanismus besteht, der sie zwingt, in bestimmter Richtung weiter zu gehen, sobald Selection eingreift. **Es gibt bestimmt gerichtete Variation**, aber nicht eine gewissermassen prädestinirte, die unabhängig von den Lebensbedingungen den Organismus vorwärts treibt, wie sie vor Allem Nägeli annahm, sondern eine solche, die von diesen Bedingungen selbst hervorgerufen und geleitet wird, wenn auch nur indirect.

Wenn ich mich bei der Begründung dieser „Germinal-Selection" auf die Grundbegriffe meiner Vererbungstheorie stütze, so bedarf das vielleicht einiger Worte der Rechtfertigung, insofern dieselbe, seitdem sie das Licht der Welt erblickte, von so mancher Seite her hart angegriffen und als völlig falsch und nutzlos verworfen worden ist.

Zunächst haben zahlreiche Kritiker sie als ein „reines Phantasie-Gebäude" bezeichnet. Das ist sie natürlich bis zu einem gewissen Grade, wie jede Theorie; aber muss sie deshalb falsch, können ihre Grundbegriffe nicht dennoch völlig richtig, und sie selbst deshalb als ein Mittel zu weiterem Fortschritt völlig berechtigt sein?

Sollte es denn meinen Kritikern ganz unbekannt geblieben sein, eine wie bedeutende Rolle die Phantasie bei der exactesten der Naturwissenschaften, der Physik, in neuerer Zeit spielt? Sollten sie nicht wissen, dass der englische Physiker Maxwell „aus Flüssigkeitswirbeln und Frictionsrollen, die sich innerhalb Zellen mit elastischen Wänden bewegen, einen bewunderungswürdigen Mechanismus construirte, welcher als mechanisches Modell für den Elektromagnetismus diente"?[1] Er hoffte, „dass durch derartige mechanische Fictionen weitere Forschungen auf dem Gebiet der Elektricitätslehre mehr gefördert als gehindert sein würden". Und so kam es in der That, da Maxwell durch sie „jene Gleichungen fand, deren eigenthümliche, fast unbegreifliche Zaubermacht Hertz in seinem Vortrag über die Beziehungen zwischen Licht und Elektricität so drastisch schildert". „Maxwell's Formeln waren lediglich Consequenzen seiner mechanischen Modelle." „Diese ersonnenen Mechanismen" — so berichtet Boltzmann in dem unten citirten interessanten Aufsatz — „wurden zuerst viel verspottet, allmälig aber fanden die neuen Ideen in allen Gebieten Eingang. Sie waren selbst bequemer als die alten Hypothesen. Denn diese konnten nur aufrecht erhalten werden, solange Alles klappte; jetzt aber schadeten einzelne Nichtübereinstimmungen nicht mehr, denn einer blossen Analogie kann man es nicht übel nehmen, wenn sie in einzelnen Punkten hinkt. — Schliesslich generalisirte die Philosophie Maxwell's Ideen bis zur Lehre, dass die Erkenntniss überhaupt nichts Anderes sei, als die Auffindung von Analogien."

Aber es scheint mir unter den Biologen nicht nur ein geringes Verständniss für die wissenschaftliche Bedeutung der Phantasie, sondern auch für die der Theorie überhaupt vorhanden zu sein. Man liebt es, sie als eine Art von überflüssigem Ballast zu betrachten, als ein unnützes Ueberbleibsel aus der Zeit der ausgearteten „Naturphilosophie"; man spricht mit Stolz das missverstandene[2] Wort New-

---

[1] Siehe Boltzmann, „Methoden der theoretischen Physik". München 1892. (Aus dem Catalog der mathematischen Ausstellung.)

[2] Dieser Ausspruch Newton's wird neuerdings des Oefteren in

ton's nach: „Hypotheses non fingo" und taxirt den Werth der kleinsten neuen Thatsache unendlich höher, als den „der schönsten Theorie". Und dennoch verbindet erst die Theorie die Thatsachen zur wirklichen Wissenschaft und ist die unerlässliche Bedingung jeden bedeutenderen wissenschaftlichen Fortschritts.

Heinrich Hertz[1]), der Entdecker der elektrischen Wellen, dachte darüber nicht anders, wenn er sagte: „Wir machen uns innere Scheinbilder oder Symbole der äussern Gegenstände, und zwar von solcher Art, dass die denknothwendigen Folgen der Bilder stets wieder die Bilder seien von den naturnothwendigen Folgen der abgebildeten Gegenstände." „Die Bilder wählt man so, dass sie von bekannten Gegenständen hergenommen werden mit bekannten Eigenschaften, und zwar solchen, dass aus ihrer Bewegung Wirkungen entstehen, ähnlich denen, welche wir an den zu erklärenden Gegenständen beobachten. Die Erfahrung lehrt uns, dass die Forderung erfüllbar ist, und dass also solche „Uebereinstimmungen" (zwischen der Wirklichkeit und den angenommenen Bildern oder, wie Hertz sagt,

---

dem Sinn citirt, als ob Newton ein Verächter der wissenschaftlichen Hypothese gewesen wäre. Wenn man indessen die betreffende Stelle im Zusammenhang liest, so sieht man, dass sich der Verzicht auf die Hypothese nur auf einen bestimmten Fall bezieht, auf den der allgemeinen Gravitation, von deren Wesen Newton sich keine Vorstellung bilden konnte und deshalb auch keine Hypothese aufstellen wollte. Wie hätte auch der Erfinder der Emissionstheorie des Lichtes, in welcher unter Anderm den Lichttheilen „Anwandlungen" zugeschrieben werden, die Hypothese im Allgemeinen geringschätzen können! Vergl. Newton, „Philosophiae naturalis Principia mathematica". Edit. II, 1714, p. 484.

[1]) H. Hertz, „Einleitung zu den Principien der Mechanik".

„zwischen der Natur und userm Geist") bestehen. Ist es uns einmal geglückt, aus der angesammelten bisherigen Erfahrung Bilder von der verlangten Beschaffenheit abzuleiten, so können wir an ihnen, wie an Modellen, in kurzer Zeit die Folgen entwickeln, welche in der äusseren Welt erst in längerer Zeit oder als Folgen unseres eigenen Eingreifens auftreten werden" u. s. f.

Solche Bilder sind in meiner Vererbungstheorie die Determinanten, vorstellbar als ein irgendwie gestaltetes Packet von Lebenseinheiten (Biophoren), das auf bestimmte Einwirkungen hin in Thätigkeit geräth und einem kleinen Theil des Organismus, einer Zelle oder einer Gruppe von Zellen, einen bestimmten Stempel aufprägt, eine bestimmte Erscheinung also hervorruft, etwa wie ein Feuerwerkskörper, der, angezündet, eine Sonne, einen Funkenregen oder einen Namenszug in die Erscheinung ruft.

Auch die Ide sind solche Bilder, vergleichbar einem bestimmt geordneten Haufen verschiedenartiger Feuerwerkskörper, in welchem die einzelnen Stücke derart mit einander verbunden sind, dass sie in bestimmter Succession thätig werden und eine bestimmte Gesammterscheinung, etwa eine ganze Inschrift, umgeben von Feuerregen und Leuchtkugeln, hervorrufen müssen.

Zu solcher Deutlichkeit der Bilder wie in der Physik können wir freilich bei den so viel verwickelteren Erscheinungen der Biologie noch lange nicht kommen, und der Versuch, mathematische Formeln aus ihnen abzuleiten, mit denen man dann weiterarbeiten könnte, würde zunächst noch ganz vergeblich sein. Immerhin scheint es besser, irgend ein adäquates Bild zu haben, an das sich die Vorstellung halten und mit dem sie operiren kann, als bei jedem speciellen Vererbungsproblem wieder auf die Aufeinanderwirkung der Moleküle der lebenden Substanz und der äusseren Agentien zurückgreifen zu müssen, Vorgänge, die wir nur in ihren rohesten Umrissen kennen. Oder sollte Jemand glauben, aus dem, was wir über die chemisch-physikalische Natur des Forellen- und des Lachs-Keims wissen, die Ursachen entwickeln zu können, warum aus dem einen eine Forelle, aus dem andern ein Lachs wird?

Wir reichen eben den verwickelten Erscheinungen der Vererbung gegenüber nicht aus mit blossen **Stoff-Einheiten**, wir reichen von unten her nicht bis an sie heran, wir müssen weiter oben anfangen und die Annahme von **Lebens-Einheiten** und von **Vererbungs-Einheiten** machen, um auf diesem Felde vorwärts dringen zu können.

Es ist gewiss ein schönes Ziel, das sich die neugegründete Wissenschaft der Entwicklungs-Mechanik gesteckt hat, die ganze Causalreihe bloszulegen, die vom Ei zum fertigen Organismus führt; aber so sehr man diesem Bestreben guten Fortgang wünschen muss, so kann man doch nicht verkennen, dass auf diesem Wege für das Vererbungs-Problem wenig oder nichts zu gewinnen ist. Wir können unmöglich warten mit dem Studium der Vererbung, bis die Mechanik fertig sein wird, und wenn wir es könnten, so würde es wenig helfen, denn die Räthsel der Vererbung liegen nicht in der **Typen-Ontogenese**, in der Entwicklungsgeschichte z. B. des Menschen, sondern in der Ontogenese der **Individuen**, in der **eines bestimmten** Menschen. Diese zeigt die Erscheinungen der Variation, des Rückschlags, des Vorwiegens des einen oder andern Elters u. s. w., und es wird wohl Niemand glauben, dass uns die inductive Erforschung der Entwicklung jemals bis in diese feinsten Vorgänge hineinleuchten werde, welche doch wiederum in Bezug auf die Gesammt-Entwicklung, die Phylogenese, die wichtigsten von allen sind.

Deshalb bleibt uns gar keine Wahl. Wenn wir überhaupt die Vererbung wissenschaftlich zu untersuchen wünschen, so müssen wir uns aus den beobachteten Vererbungs-Thatsachen eine möglichst ins Einzelne ausgearbeitete Theorie machen, auf der fussend wir Fragen stellen können, die dann neue Thatsachen ergeben und so auf die Theorie selbst verbessernd und umgestaltend zurückwirken.

Das gerade ist es, was ich mit meiner Keimplasma-Theorie gewollt habe, wie es denn auch im Vorwort zu dem Buche ausgesprochen ist; sie sollte keineswegs eine Theorie des Lebens, ja nicht einmal in erster Linie der Entwicklung, sondern vor Allem eine solche der Vererbung sein. Ich verstehe deshalb nicht, wie man an ihr aussetzen mag, dass sie den Einblick in die Entwicklungs-Mechanik nicht vertiefe. Sie will das gar nicht, setzt vielmehr die letzten physikalisch-chemischen Vorgänge, welche den Lebensvorgang ausmachen, als gegeben voraus und muss dies thun. Sie möchte uns eine brauchbare Formel an die Hand geben, mit deren Hülfe wir weiter arbeiten können, jedenfalls auf dem Gebiet der Vererbung — wenn ich nicht irre, auch auf dem der Entwicklung. Mir wenigstens scheinen auch die neuesten entwicklungsmechanischen Erfahrungen der Determinantenlehre nicht so durchaus zu widersprechen, wie es auf den ersten Blick scheinen könnte; soweit ich sehe, lassen sie sich sehr wohl mit ihr in Einklang setzen, sobald man nur den Eintritt der Zerlegung des Keimplasma's in Determinanten-Gruppen nicht durchweg an den Anfang des Furchungsprocesses setzt, sondern sie je nach Umständen in eine spätere Periode verlegt. Das Nähere darüber lässt sich noch nicht sagen, solange die Thatsachenmasse noch in vollem Flusse begriffen ist.

Jedenfalls halte ich auch heute noch an der Hoffnung fest, welche im Vorwort zur Keimplasma-Theorie Ausdruck gefunden hat, es möchte dieselbe trotz aller unvermeidlichen Unsicherheiten in ihrer Begründung doch „kein blosses Phantasiegebäude sein, insofern die Zukunft vielleicht doch „einige feste Punkte" in derselben erkennen werde, welche den Wechsel der Meinungen überdauern: Gerade der so vielfach angefeindete Begriff der Determinanten dürfte ein solcher fester Punkt sein, wie denn auch die vorliegende Schrift sich nicht nur auf ihn stützen, sondern ihn auch von Neuem vertheidigen wird, zunächst nur als ein Symbol für ein Etwas, das wir zwar noch nicht im Näheren kennen, das aber vorhanden ist, und mit dem wir rechnen können, es der Zukunft überlassend, über die grössere oder geringere Aehnlichkeit des Bildes mit der Natur zu entscheiden.

Das eigentliche Endziel dieser Schrift ist die Rehabilitirung des Selectionsprincips. Sollte es mir gelungen sein, dasselbe wieder in seine gefährdeten Rechte eingesetzt zu haben, so würde mir dies zu grosser Befriedigung gereichen, denn ich selbst bin von der Unentbehrlichkeit desselben so sehr überzeugt, dass mir sein Zusammenbruch gleichbedeutend zu sein schiene mit dem Aufgeben jeder Forschung über den causalen Zusammenhang der Erscheinungen auf dem Gebiete des Lebens. Wenn wir die Anpassungen, deren Zahl $= \infty$ ist, nur mittelst der Annahme eines zweckthätigen Princips verstehen könnten, dann, meine ich, hätte es auch nur geringen Reiz, uns um den causalen Zusammenhang der Stadien der Ontogenese zu bemühen, da ja dann kein Grund vorläge, dort zweckthätige Principien auszuschliessen. Diese aber sind das Ende der Wissenschaft.

Freiburg i. Br., 18. November 1895.

August Weismann.

Wie viele und verschiedenartige Einwürfe sind nicht gegen die Selectionstheorie erhoben worden, seitdem dieselbe durch Darwin und Wallace in's Leben getreten ist. Von dem gänzlich verständnisslosen Poltern Richard Owen's an, durch die feinen und gedankenreichen Gegengründe Albert Wigand's und Nägeli's bis zu der Opposition unserer Tage hin, die da meint, Selection könne nicht schaffen, sondern nur verwerfen, und die nicht zu sehen vermag, dass sie eben gerade durch das Verwerfen wirklich schaffend wirkt. Sie meint die bewegenden Kräfte der Entwicklung in den Gesetzen zu finden, welche die Organismen beherrschen — gerade als ob die Norm, nach welcher Etwas geschieht, schon das Geschehen selbst wäre, als ob die Schienen, welche dem Zug die Richtung anweisen, die Locomotive ersetzen könnten. Gewiss geht von jeder Lebensform nur eine bestimmte, wenn wohl auch überaus grosse Zahl von Schienensträngen nach allen Richtungen aus: die möglichen Variationen, und zwischen ihnen liegt schienenloses Land, auf welchem nicht gefahren werden kann: die unmöglichen Variationen — aber ob einer der Stränge befahren werden soll, das hängt nicht von ihm, sondern von der Anwesenheit einer Locomotive ab, und wiederum hängt es nicht von der Locomotive, der Variationsursache, ab, ob dieser oder jener Strang befahren werden, ob der Zug nach Berlin oder Paris gehen soll, sondern vom Locomotivführer, der seine Maschine auf dieses oder jenes Geleise bringt. In der Selectionstheorie wird der Locomotivführer durch die Nützlichkeit dargestellt, indem diese darüber entscheidet, welches der Variationsgeleise befahren werden soll. Gerade darin liegt ja die Stärke, die unbesiegbare Stärke — wie ich glaube — des Selectionsprincips, dass sie uns zeigt, warum stets das Zweckmässige entsteht, und das ist doch gerade das grosse Problem des Lebens! Nicht dass sich Alles verändert, sondern dass es sich so verändert, wie es lebens- und existenzfähig bleibt und zugleich die verschiedensten Existenz-Möglichkeiten ausnutzt.

Es ist deshalb gewiss sehr merkwürdig und des Nachdenkens werth, dass heute, nachdem die Wissenschaft bereits seit mehr als dreissig Jahren mit diesem Princip beschenkt wurde und sich während dieser Zeit immer intensiver mit seiner Durchdenkung[1], weiteren Ausarbeitung und Prüfung seiner Tragweite befasst hat, gerade jetzt die Werthschätzung desselben im Abnehmen begriffen zu sein scheint. Es wäre leicht, eine ganze Reihe von Schriftstellern unserer Tage aufzuzählen, die diesem Princip nur einen untergeordneten Werth beimessen in Bezug auf Entwicklung, oder selbst gar keinen. Spricht doch einer der jüngsten Biologen ohne Weiteres von den „Prätensionen der widerlegten sogenannten Darwin'schen Theorie"[2] —

---

[1] Vergl. z. B. H. Spitzer's Untersuchungen über den philosophischen Werth der Selectionshypothese in seinen „Beiträgen zur Descendenztheorie und zur Methodologie der Naturwissenschaft". Leipzig 1886.

[2] Hans Driesch, „Die Biologie als selbstständige Grund-

und einer der geistvollsten Forscher unserer Zeit, einer der Bahnbrecher für die Entwicklungstheorie, der leider nun auch seit Kurzem bereits der Vergangenheit angehört, Thomas Huxley, liess einen Zweifel an dem Selectionsprincip durchschimmern, als er sagte: „Wenn die Darwin'sche Hypothese auch weggespült würde, Entwicklung würde stehen bleiben, wo sie stand." Auch er also scheint es nicht für unmöglich gehalten zu haben, dass sie wieder verschwände aus der Reihe der grossen Erklärungsprincipien, mittelst deren wir uns den Geheimnissen der Natur zu nähern versuchen[1]).

Ich glaube es nicht; ich sehe in dem Anwachsen der Zweifel gegenüber dem Selectionsprincip und in der offenen, zum Theil sogar leidenschaftlichen Bekämpfung desselben nur eines jener Wellenthäler, welches jede wissenschaftliche Meinung zu passiren hat, nachdem sie zuvor auf die höchste Höhe der Anerkennung vielleicht allzu rasch hinaufgetragen worden war. Es ist der natürliche Rückschlag auf eine gewisse Art der Ueberschätzung, der nun eine ebenso starke Unterschätzung nachfolgt. Man überschätzte das Selectionsprincip nicht in dem Sinne, dass man ihm zuviel an erklärender Kraft zuschrieb, dass man seinen Wirkungskreis zu weit ausdehnte, sondern in dem Sinne, dass man seine Wirkungsweise schon ganz zu verstehen, seine Factoren klar vor sich zu haben glaubte, und dass nun, je tiefer man eindrang, um so deutlicher sich herausstellte, dass daran noch Etwas fehlt, dass zwar die

---

wissenschaft". Leipzig 1893, p. 31, Anmerkung. Dort heisst es: „Etwa gar noch auf die Prätensionen der widerlegten sogenannten Darwin'schen Theorie einzugehen, wäre eine Beleidigung des Lesers."

[1]) Vergleiche auch im Anhang Zusatz 1.

Wirkung des Princips im Grossen und Ganzen klar und wohl vorstellbar ist, dass wir aber bei seiner genaueren Durchdenkung auf zahlreiche Schwierigkeiten stossen, die um so schwerer wiegen, als es uns nicht gelingen will, dem Vorgang im Einzelnen zu folgen und ihn dadurch als **wirklich** stattfindend zu erweisen. Wir können in keinem Einzelfalle sagen, wie gross eine bestimmte Variation sein muss, damit sie Selectionswerth habe, noch wie häufig sie vorkommen muss, damit sie Bestand habe, wir wissen nicht, wann und ob eine gewünschte nützliche Variation wirklich auftritt, noch wovon es abhängt, dass sie auftritt, und wir haben keinerlei Einsicht in die Zeitdauer der in der Natur ablaufenden Züchtungsvorgänge und können nach alledem nicht nachrechnen, wie viele ihrer gleichzeitig an ein und derselben Art ihren Ablauf nehmen können. Und doch würde dies Alles dazu gehören, um den Vorgang im einzelnen Fall zu verfolgen. Am niederdrückendsten von Allem vielleicht ist dann noch der Umstand, dass wir kaum in irgend einem in der freien Natur vorkommenden Falle überhaupt nur sagen können, ob eine beobachtete Variation nützlich ist oder nicht, wie ich vor einiger Zeit nachdrücklich betont habe[1]). Es ist auch wenig Aussicht auf Besserung dieses unseres Unvermögens vorhanden, denn wie sollten wir es anfangen, alle Individuen einer Art auch nur auf einem ganz kleinen Wohngebiete in ihren Lebensereignissen so genau zu beobachten, dass wir sagen könnten, irgend einer ihrer Variationen besitze Selectionswerth, d. h. sei von entscheidendem Werth für die Existenz dieser Art?

---

[1]) „Die Allmacht der Naturzüchtung", eine Erwiderung an Herbert Spencer. Jena 1893, p. 27 u. f.

In manchen Fällen können wir wenigstens einen Wahrscheinlichkeitsschluss machen und z. B. sagen, die grosse Fruchtbarkeit des Frosches sei eine Eigenthümlichkeit von Selectionswerth, insofern wir sehen, dass trotz derselben die Zahl der Frösche eines Wohngebietes nicht zunimmt. Aber selbst solche Schlüsse bieten nur eine sehr geringe Sicherheit, denn wer vermöchte genau zu sagen, wie gross diese Zahl ist, oder ob sie in Zu- oder Abnahme begriffen ist, und auch der Grad der Fruchtbarkeit dieser Thiere ist weit entfernt davon, genau bekannt zu sein. Wir können also, genau genommen, nichts weiter sagen, als dass grosse Fruchtbarkeit für ein viel verfolgtes Thier nützlich sein muss. Und so ist es überall. Auch bei unzweifelhaften Anpassungen, wie z. B. bei der oft so auffallenden Schutzfärbung vieler Schmetterlinge, können wir doch nur aus der Thatsache, dass die Art sich unvermindert zu erhalten scheint, schliessen, dass sie in toto ihren Lebensbedingungen hinreichend angepasst ist, nicht aber, dass die Schutzfärbung Selectionswerth für sie hat, d. h. dass die Art ohne diese Schutzfärbung aussterben müsste. Es ist nicht undenkbar, dass wirklich bei manchen Arten diese Färbungen heute nicht mehr nothwendig sind für die Erhaltung der Art; dass sie es früher waren, dass aber heute diejenigen Feinde, welche die Falter im Sitzen absuchten, selten geworden, oder ganz ausgestorben sind, und dass die Schutzfärbung nur nach dem Gesetz der Trägheit[1]) noch eine Weile fortdauert, bis Panmixie oder neue Anpassungen sie verändern.

---

[1]) Das heisst: nach dem Gesetz der ungemein langsamen Zurückbildung überflüssig gewordener Charaktere, welches man wohl auch als organisches Beharrungs- oder Trägheitsgesetz bezeichnen könnte.

So niederschlagend es nun auch sein mag, dass es uns versagt ist, die Natur hier bis in's Einzelnste zu controliren, so heisst es doch wahrlich, das Kind mit dem Bade ausschütten, wenn man nun aus unserm Unvermögen, dem einzelnen Fall zu folgen, das ganze Princip der Selection fallen lässt, oder für etwas Nebensächliches erklärt, wenn man glaubt, die erwähnte Schutzfärbung des Schmetterlings sei keine Schutzfärbung, sondern eine aus innern Ursachen nothwendig resultirende Farben-Zusammenstellung. Die Schutzfärbung bleibt eine Schutzfärbung, mag sie im Augenblick für die Art noch nothwendig sein oder nicht, und sie ist als Schutzfärbung entstanden, ist entstanden, nicht weil es in der Constitution des Thieres lag, hier einen rothen, dort einen weissen, schwarzen oder gelben Fleck hervorzubringen, sondern weil sie nützlich, besser weil sie nothwendig für dasselbe war. Für solche offenkundige Anpassungen aber haben wir nur die eine Erklärung der Selection, ja es ist überhaupt keine andere natürliche Entstehungsweise denkbar, als diese, da wir über zweckthätige Kräfte im Gebiete der Naturerscheinungen nicht verfügen.

Ich habe das Beispiel des Schmetterlingsflügels nicht nur deshalb gewählt, weil es so überaus bekannt, sondern weil es so überaus lehrreich ist, weil wir auch heute noch so viel daraus lernen können.

Es ist schon oft behauptet worden, dass die Farbenmuster der Schmetterlingsflügel aus innern Ursachen sich entwickelt hätten, unabhängig von Selection nach innern Entwicklungsgesetzen. Eimer[1]) hat versucht, dies da-

---

[1]) Eimer, „Die Artbildung und Verwandtschaft bei den Schmetterlingen", Theil I: die Segelfalter, Jena 1889, Theil II: die Schwalbenschwänze, Jena 1895.

durch zu beweisen, dass er in einer Abtheilung der Gattung Papilio nachwies, wie sich hier die Arten nach der Verwandtschaft ihrer Zeichnung in Reihen ordnen lassen. Aber wird dadurch, dass man zeigt, wie die Zeichnung sich in bestimmten Richtungen im Laufe der Artenbildung umgestaltet hat, irgend Etwas über die Ursachen ausgesagt, welche diese Umwandlungen hervorgerufen haben? Oder beweist unser augenblickliches Unvermögen, in diesem Falle die biologische Bedeutung dieser Zeichnungen und ihrer Veränderungen mit Sicherheit zu errathen, dass dieselben keine solche Bedeutung besitzen?

Ich glaube, es lässt sich im Gegentheil sehr anschaulich nachweisen, dass der Schmetterlingsflügel eine Tafel ist, auf der die Natur Alles niedergeschrieben hat, was ihr für die Erhaltung und das Wohl ihrer Geschöpfe förderlich erschien, oder um aus dem Bilde zu fallen, dass diese Farbenmuster grossentheils jedenfalls nicht direct aus innern Entwicklungskräften hervorgegangen sind, sondern durch die Vermittlung von Selection. Ueberall da wenigstens, wo wir ihre biologische Bedeutung verstehen, sind diese Muster so beschaffen und so auf dem Flügel vertheilt, wie es der Nützlichkeit entspricht. Ich mache mich natürlich nicht anheischig, jeden Fleck und jede Linie auf einem Flügel zu deuten; es ist oft eine sehr wirre Handschrift, wohl aus verschiedenen Jahrtausenden stammend, denn eine jede der heutigen Arten erbte die Muster einer Stammart, und diese wieder die Muster einer noch älteren Art, der Flügel war also schon bei ihrer Entstehung längst keine tabula rasa mehr, sondern ein eng und vollgeschriebenes Blatt, auf dem Neues nur Platz fand, wenn ein Theil des Alten ausgelöscht wurde. Ein andrer Theil aber blieb oder wurde nur schwach verändert, und so entstand in vielen Fällen allmälig eine Zeichnung von fast unentwirrbarer Verwickeltheit.

Dass dieselbe gesetzlos entstanden wäre, liegt mir fern zu behaupten, natürlich walten hier wie überall Gesetze; es scheint mir nur, dass diese Gesetze, d. h. die physiologischen Bedingungen der Variation hier ganz allgemein im Dienste einer höheren Macht stehen — der Nützlichkeit — und dass diese es ist, welche in erster Linie bestimmt, was für Farben, Flecke, Striche, Bänder sein und wo sie stehen sollen; die Gesetze kommen nur insoweit in Betracht, als sie die Qualität der Bausteine bedingen — der Variationen, aus welchen Selection jene Zeichnungsmuster aufbaut, und auch dies ist nur mit einer grossen Einschränkung richtig, wie aus dem Folgenden hervorgehen wird.

Wenn von Bildungsgesetzen hier gesprochen wird, so meint man wohl zunächst damit, dass bestimmte Stellen der Flügelflächen in einer unsichtbaren innern Verbindung stehen, dergestalt, dass sie dieselben Farbenflecken oder Streifen wiederholen, so dass man voraus sagen könnte, wenn an dieser Stelle ein Punkt steht, so steht an jener ein ähnlicher u. s. w. Es unterliegt auch keinem Zweifel, dass solche Beziehungen bestehen, dass das Zeichnungsmuster meist eine gewisse Symmetrie zeigt, dass — um mit dem neuesten Beobachter dieser Verhältnisse, mit Bateson[1]), zu reden — eine **meristische Wiederholung gleicher Zeichnungselemente** vorkommt, aber ich

---

[1]) „Materials for the study of Variation with especial regard to discontinuity in the origin of species." London 1895.

glaube, man sollte sehr vorsichtig sein, daraus ohne Weiteres Gesetze zu machen, denn alle diese Regeln der Zeichnung gelten nur für kleine Formengruppen und sind niemals durchgreifend, und für die ganze Ordnung, oder auch nur für die eine Unterordnung der Tagfalter, ja öfters nicht einmal für eine ganze Gattung maassgebend. Das deutet auf specielle, nur in dieser Gruppe wirkende Ursachen.

Wenn innere Gesetze die Zeichnung der Schmetterlingsflügel bestimmten, so müssten wir erwarten, dass sich irgend welche allgemeine Normen aufstellen liessen, sei es nun, dass Ober- und Unterseite der Flügel gleich, sei es, dass sie verschieden sein müssten, oder dass die Vorderflügel gleich oder anders gefärbt wären, wie die Hinterflügel u. s. w. In Wirklichkeit aber kommen alle möglichen Combinationen neben einander vor, und keine Regel geht durch. Oder man könnte erwarten, dass bunte Farben nur auf der Oberseite, oder nur auf der Unterseite, nur auf den Vorder- oder nur auf den Hinterflügeln vorkämen — aber sie kommen bald hier und bald da vor, und keine Art des Vorkommens erstreckt sich über alle Arten. Wohl aber tritt hier die Zweckmässigkeit der Farbenvertheilung hervor, und sobald wir das Princip der Nützlichkeit mit hereinziehen, wissen wir, warum bei den Tagfaltern die Oberseite die bunten Farben allein zu tragen pflegt, die Unterseite aber protectiv gefärbt ist, oder warum bei den Nachtfaltern die Vorderflügel wie Rinde oder altes Holz oder wie ein Blatt aussehen, während die im Ruhen verdeckten Hinterflügel allein lebhaft gefärbt sind. Dann verstehen wir auch die Ausnahmen von diesen Regeln, wir begreifen, dass Danaiden, Heliconiden, Euploeiden und Acraeiden, überhaupt alle widerlich riechenden und

schmeckenden Tagfalter meist bunt und zwar oben und
unten gleich gezeichnet sind, während alle nicht immunen
Arten unten Schutzfärbung besitzen und oft ganz anders
gefärbt sind, als auf der Oberseite. Jedenfalls sind also
diese vermeintlichen „Bildungsgesetze" nicht bindend; es
kann Dispens von ihnen ertheilt werden, und **er wird
ertheilt, sobald es die Nützlichkeit verlangt.**
Gehen doch diese Gesetzes-Ueberschreitungen soweit, dass
mitten in der Gruppe der Tagfalter eine Gattung steht, die
südamerikanische Ageronia, welche wie ein Nachtfalter auf
der ganzen O b e r s e i t e beider Flügel ausgesprochene Rinden-
färbung trägt, und von der wir zugleich wissen, dass sie
als einzige Gattung und abweichend von fast allen übrigen
Tagfaltern die Flügel in der Ruhe ausbreitet, wie die
Nachfalter, und nicht nach oben zusammenklappt, wie ihre
Verwandten. Wenn man also auch von den zahlreichen
Fällen eigentlicher Mimicry ganz absieht, die immerhin das
schärfste Beweismaterial darstellen, so lassen doch schon
die angeführten Thatsachen keinen Zweifel darüber, dass
**nicht innere Nothwendigkeit, sog. Bildungs-
gesetze**[1]**) die Flächen der Schmetterlingsflügel
bemalt hat, sondern dass die Lebensbedingungen den Pinsel führen.**

Das tritt noch schärfer hervor, sobald wir etwas mehr
in's Einzelne gehen. Ich habe darauf hingewiesen, dass
die meist auffallenden Farbenmuster immuner Schmetterlinge, wie der Heliconiden, oben und unten auf den Flügeln
gleich sind. Man könnte also in dieser Thatsache den Ausdruck eines Gesetzes finden, und etwa sagen, Heliconiden-

---

[1]) Vergleiche Zusatz 7 des Anhangs.

muster schlägt von oben nach unten durch. Allein unter den zahlreichen Nachahmern der Heliconiden steht auch die Gattung Protogonius, welche oben das Farbenmuster der Heliconide, unten aber ein prachtvolles Blattmuster trägt. Während des Flugs erscheint sie als Heliconide, im Sitzen als Blatt. Wie könnten diese beiden gänzlich verschiedenen Färbungstypen bei einer Art vereinigt sein, wenn irgend eine i n n e r e gesetzliche Beziehung in Bezug auf die Färbung der beiden Flügelflächen bestände?

Wenn wir nun auch ausser Stande sind, nachzuweisen, dass die Protogonius-Arten nicht existiren könnten, wenn sie nicht diese Doppelfärbung besässen, so gehörte doch nahezu Blindheit dazu, um zu leugnen, dass diese Schmetterlinge im Sitzen und im Flug in wirksamer Weise geschützt sind, d a s s ihre F ä r b u n g e n A n p a s s u n g e n sind. Wir kennen ihre Vorgeschichte nicht, allein wir werden schwerlich irren, wenn wir annehmen, die Vorfahren der Protogonius-Arten waren schon Waldschmetterlinge und hatten schon ihre Blattähnlichkeit der Unterseite. Dadurch waren sie im Sitzen geschützt; als dieser Schutz aber später nicht mehr ausreichte, nahmen sie auf der Oberseite das Farbenmuster derjenigen immunen Arten an, mit denen sie in Aufenthalt, Lebensgewohnheiten und äusserer Erscheinung am meisten übereinstimmten.

Damit ist zugleich erkannt, warum dieselben nicht auch auf der Unterseite heliconidenfarbig wurden: s i e w a r e n i n d e r R u h e vorher schon auf d a s V o r t r e f f l i c h s t e g e s c h ü t z t.

Dass i m m u n o Tagfalter auf der Ober- und Unterseite gleich gefärbt sind und niemals in der Ruhestellung ihrer gewöhnlichen Umgebung gleichen, begreift sich, sobald man überlegt, dass es doch noch ein grösserer Schutz ist, verschmäht zu werden, wenn man entdeckt wird, als vor Entdeckung gut, oder selbst sehr gut, aber doch niemals absolut gesichert zu sein.

Es ist so oft hervorgehoben worden, dass die Tagfalter unten meistens protectiv gefärbt sind, dass man sich fast scheut, es noch einmal auszusprechen, und doch wissen die Wenigsten von Denen, welche es für eine banale Weisheit halten, wie viel mit diesem Satze gegen die immer wieder auf's Neue angerufenen inneren Trieb- und Bildungskräfte des Organismus gesagt ist. Man rechnet heute nicht weniger als 62 Gattungen in der einen Tagfalter-Familie der Nymphaliden. Von diesen sind bei weitem die meisten unten sympathisch gefärbt, d. h. sie haben die Farben ihrer gewöhnlichen Umgebung in der Ruhe. Bei einer grossen Zahl der hierher gehörigen Arten besitzt die ganze Fläche der Hinterflügel eine solche sympathische Färbung, ausserdem aber noch die weit davon getrennte Spitze der Vorderflügel. Warum? Wir wissen es Alle, dass nur dieser Theil des Vorderflügels in der Ruhe bei ihnen sichtbar ist. Hier ist also — wie einmal ein eifriger Gegner der Selectionstheorie ausrief — entschiedene „Correlation" zwischen der Färbung der Hinterflügel und der Spitze der Vorderflügel! Correlation ist nun gewiss ein schönes Wort, aber in diesem Falle lässt sich nichts weiter daraus lernen, denn es gibt nahe Verwandte, oft sogar Arten derselben Gattungen, bei denen diese „Correlation" sich nicht blos auf die Spitze der Vorderflügel beschränkt, sondern etwa ein Drittel oder noch mehr der Flügel einnimmt, und diese Arten haben zugleich die Gewohnheit, die Vorderflügel weniger stark zurückzuziehen in der Ruhe, so dass ein grösserer Theil derselben im Sitzen sichtbar bleibt. Ja es gibt Arten, wie die vorhin genannten Waldschmetterlinge Südamerikas, die Protogonius-, die Anaea-, die Kallima-Arten u. s. w., welche nahezu die ganze untere Fläche ihrer Vorderflügel nach demselben Muster bemalt haben, wie die Hinterflügel, und diese Schmetterlinge halten in der Ruhe die Vorderflügel frei und nicht bedeckt von den Hinterflügeln. Wo bleiben da die Bildungsgesetze? Oder sollte Jemand meinen, die Bedeckung durch die Hinterflügel hemme die Schuppenbildung auf dem Flügel oder die Farbenbildung in den Schuppen? Er sehe sich irgend eine dieser Arten an: die Schuppen stehen ebenso dicht auf der bedeckten, wie der unbedeckten Fläche des Flügels, und bei manchen Gattungen, z. B. bei Catagramma, sind gerade die Schuppen der bedeckten Fläche am lebhaftesten gefärbt!

Aber noch unwiderstehlicher werden die Thatsachen, wenn man speciellere Anpassungen in's Auge fasst, z. B. die oft angeführten Blattnachahmungen. Zunächst ist hervorzuheben, dass sie keineswegs auf einige wenige Gattungen oder gar Arten beschränkt sind. Alle die zahlreichen Arten der Gattung Anaea, die über die Wälder des tropischen Südamerika verbreitet sind, besitzen sie in ausgesprochener und sehr wechselvoller Weise, ebenso die amerikanische Gattung Hypna und Siderone, die asiatische Symphaedra, die afrikanische Salamis, Euryphene u. s. w. Ich habe mir 53 Gattungen bemerkt, bei denen sie in einer, mehreren oder vielen Arten vorkommt, aber es gibt ihrer noch viele andere.

Diese Gattungen sind nun keineswegs alle nahe mit einander verwandt, so dass sie die Blattzeichnung von einer gemeinsamen Stammform ererbt haben könnten; sie gehören verschiedenen Continenten an und haben ihre Schutzfärbung zum grossen Theil also wohl selbst erworben; aber sie enthalten alle Waldschmetterlinge! Wodurch wurden nun gerade so zahlreiche Gattungen von Waldschmetterlingen befähigt, blattähnlich zu werden? Durch dirigirende Bildungsgesetze?

Fassen wir aber die Zeichnung in's Auge, durch welche die Blattähnlichkeit bedingt wird, so finden wir z. B. bei Kallima Inachis und Parallecta, den indischen Blattschmetterlingen, dass die Blattzeichnung völlig unabhängig von den sonstigen, den Flügel beherrschenden Regelmässigkeiten ausgeführt ist.

Von dem Schwänzchen der Hinterflügel an bis zur Spitze der Vorderflügel zieht in schön geschwungenem Verlauf eine dicke dunkle Linie, begleitet von einer feineren hellen und stellt die Mittelrippe des Blattes nebst ihrem Schlagschatten dar[1]). Sie schneidet die „Adern" und „Zellen" des Flügels bald in spitzem, bald in stumpfem Winkel, gänzlich unabhängig von diesem regelmässigen Eintheilungssystem des Flügels, das doch wohl der Ausdruck eines „Bildungsgesetzes" sein müsste, falls überhaupt der Flügel nicht durch Selection, sondern aus innerer Directive entstanden wäre. Ohne auf diese Frage in ihrem ganzen Umfang hier einzugehen, so scheint mir in Bezug auf die Zeichnung soviel festzustehen, dass dieselbe nicht auf innerer, sondern auf äusserer Directive beruht, wenn wir wenigstens absehen von den alten, von den Vorfahren überkommenen

---

[1]) Von den Einzelheiten, besonders den vielfachen Variationen der Zeichnung sehe ich hier ab.

Zeichnungselementen, einer Reihe von **Augenflecken**, welche theils ganz oder nahezu vollständig ausgelöscht, theils aber auch in wundervoller Weise zu braunen Schimmelflecken umgearbeitet sind, die die Aehnlichkeit mit einem faulenden Blatt um Vieles noch erhöhen.

Wer durch das bisher Vorgebrachte noch nicht überzeugt sein sollte, dass hier mit „Bildungsgesetzen" nicht auszukommen ist, der sehe sich die Blattzeichnung noch etwas genauer an. Er wird finden, dass die Mittelrippe aus zwei Stücken zusammengesetzt ist, von denen das eine dem Hinterflügel, das andere dem Vorderflügel angehört, und dass beide genau aneinander passen, wenn der Schmetterling sich in Ruhestellung befindet, sonst aber nicht. Und nicht nur dies, sondern in jeder andern Stellung bilden die beiden Stücke eine winklig geknickte Linie, wodurch die Aehnlichkeit mit einer Blatt-Mittelrippe zerstört wird. Nimmt man noch hinzu, dass auf dem Vorderflügel die Rippenzeichnung nur gerade so weit geht, als der Flügel in der Ruhestellung dem Beschauer sichtbar ist, dann aber da, wo er vom Hinterflügel bedeckt ist, plötzlich aufhört, so verhält sich also dieses Bild ganz so, als ob es ein Miniatur-Maler dem schlafend dasitzenden Schmetterling aufgemalt hätte!

Dass es aber keine immanenten Bildungsgesetze sind, welche diese Zeichnung in's Leben gerufen haben, geht weiter noch daraus hervor, dass die die Mittelrippe zusammensetzenden Stücke der Zeichnung nicht etwa an **entsprechenden** Stellen der beiden Flügel, sondern an **ganz heterogenen** einsetzen, und ganz dasselbe wiederholt sich bei den Linien, welche die Seitenrippen des Blattes vorstellen. Diese Linien gehen in spitzem Winkel von der

Mittelrippe ab, nach rechts und nach links im selben Winkel, diejenigen jeder Seite untereinander parallel. Auch hier ist durchaus keine Beziehung der Flügeltheile, über welche die Linien hinziehen, untereinander zu erkennen; die Ader-Eintheilung des Flügels wird von der Blattzeichnung gänzlich ignorirt, und die Fläche behandelt als eine tabula rasa, auf der man zeichnen kann, was man will: in diesem Falle ein Blatt, d. h. eine **bilateral symmetrische** Figur auf eine im Wesentlichen **radiär symmetrisch** eingetheilte Fläche!

Ich betone dies so scharf, damit man sieht, es handelt sich hier um einen der Fälle, welche auf mechanischem, d. h. natürlichem Wege nur dann erklärbar sind, wenn Selection wirklich existirt und wirklich Neues schaffen kann, denn das Lamarck'sche Princip ist hier von vornherein ausgeschlossen, da es sich um eine rein passiv wirkende Bildung handelt; die Blattzeichnung wirkt durch ihre Existenz, nicht aber durch irgend eine Function, die sie etwa ausübte; sie ist anwesend im Flug sowohl, als im Sitzen, beim Ausbleiben irgend einer Gefahr, wie bei der Annäherung eines Feindes.

Offenbar ist hier mit der Annahme **rein innerer Triebkräfte**, wie sie Nägeli, Askenasy und neuerdings — falls ich ihn recht verstehe — auch Eimer im Sinne einer mechanischen Entwicklungskraft annehmen, nichts auszurichten. Die Uebereinstimmung eines indischen Schmetterlings mit dem Blatte eines Baumes, wie es in den indischen Wäldern heute wächst, kann nicht als Zufall betrachtet werden, als Lusus Naturae; man würde also mit dieser scheinbar mechanischen Kraft unweigerlich auf ein teleologisches Princip zurückgewiesen werden, welches das Zweckmässige schafft und schon in den ersten Keim der irdischen Organismen die Directive legte, dass nach undenklichen Zeiträumen sich zu bestimmter Stunde und an bestimmtem Ort die täuschende Blattzeichnung entwickeln musste. **Prästabilirte Harmonie** zwischen der Entwicklung der Vorfahren-Reihe des Baumes mit seinem vorbildlichen Blatte und des Schmetterlings mit seinem nachahmenden Flügel muss dabei vorausgesetzt werden, wie ich schon vor langen Jahren es einmal ausdrückte[1]), wie es aber von den Verkündigern innerer Entwicklungskräfte immer wieder auf's Neue vergessen wird.

Ich sehe zunächst ganz davon ab, wie ausgedehnt die Wirkungssphäre der Naturzüchtung zu denken ist; es kommt mir für's Erste nur darauf an, den **Vorgang der Selection selbst zu beleuchten** und zu zeigen, welche Voraussetzungen wir machen müssen, damit derselbe wirksam sein könne. Dafür genügt es, zu zeigen — wie soeben geschehen ist —, **dass es Fälle gibt, denen gegenüber jede andere natürliche Erklärung ausser der durch Selection versagt.** Und nun lassen Sie uns einmal zusehen, wie weit wir in der Erklärung solcher Fälle mittelst des Selectionsprincips kommen können; ich meine mittelst der Selection, wie sie Darwin und Wallace gelehrt haben.

Da unterliegt es nun keinem Zweifel, dass man die Blattzeichnung langsam und mit allmälig zunehmender Treue ohne Schwierigkeit auf diese Weise entstehen lassen kann, wenn **eine** Voraussetzung dabei erfüllt ist: **das Auftreten**

---

[1]) „Studien zur Descendenztheorie"; Leipzig 1876, Bd. II, p. 295 und 322.

der richtigen Variationen am richtigen Platz! — Hier aber steht die, wie es scheint, unübersteigliche Schranke für die Erklärungskraft dieses Princips, denn wer oder was bürgt uns dafür, dass gerade an der Stelle des Flügels dunklere Schuppen auftreten werden, an welche die Mittelrippe des Blattes zu liegen kommen muss? und wer, dass später gerade dort wieder dunkle Schuppen auftreten, wohin der Beginn dieser Mittelrippe sich verlängern soll? und wer, dass noch später solche dunklere Schuppen da sich einstellen, wo die Seitenrippen abgehen sollen und dass dann genau ein bestimmter spitzer Winkel eingehalten wird und gleicher Abstand von den andern Seitenrippen und paralleler Verlauf mit ihnen? und dass die Verlängerung der Mittelrippe vom Hinterflügel auf den Vorderflügel gerade und genau da einsetzt, wo der Vorderflügel nicht mehr vom Hinterflügel bedeckt wird in der Ruhestellung? u. s. w.!

Könnte ich genauer auf diese Verhältnisse hier eingehen, so würde ich den Nachweis zu führen versuchen, dass die Blattzeichnung, wie ich es eben voraussetzte, nicht plötzlich entstanden ist, sondern ganz allmälig sich vervollkommnet hat, dass sie bei einer Art auf dem Vorderflügel, bei der andern auf dem Hinterflügel begonnen hat und bei vielen nicht über den einen Flügel hinausgelangt ist bis heute, bei andern Arten um ein kleines Stück, nur bei wenigen über die ganze Fläche beider Flügel.

Es ist also keine blosse Vermuthung, dass diese Zeichnung langsam und allmälig, aber mit einer wunderbaren Sicherheit vorwärts geschritten ist. Es muss folglich niemals an den passenden Variationen an der passenden Stelle gefehlt haben, oder, wie ich dies früher einmal ausdrückte: die nützlichen Variationen waren immer da! Wie ist das aber möglich bei so langen Serien verschiedenartiger Variationen, wie sie eine solche verwickelte Zeichnung nach und nach zusammengesetzt haben? Wenn nun die nützlichen Farben gar nicht, oder nicht an der richtigen Stelle aufgetreten wären? Und doch sind bei constanten, d. h. nicht in der Umbildung begriffenen Arten, die Zeichnungs-Variationen keineswegs häufig oder ausgiebig. Oder wenn sie zwar aufgetreten wären, aber nur bei einzelnen oder einem geringen Procentsatz der Individuen?

Das sind ja gerade Einwürfe, welche dem Selectionsvorgang als unüberwindliche Hindernisse von den Gegnern entgegen gehalten wurden und werden. Und das kann mit Recht nicht nur hier bei diesen Schutzfärbungen, sondern überall und immer geschehen, wo es sich um Selection handelt. Wie kommt es denn, dass bei Instincten, die nur einmal im Leben in Thätigkeit treten, wie z. B. die Verpuppungs-Handlungen der Insecten, die künstliche Anfertigung eines Gespinstes u. s. w., die nützlichen Variationen stets bereit lagen? und das muss doch der Fall gewesen sein, wenn so verwickelte Spinntriebe, wie bei der Seidenraupe oder dem Nachtpfauenauge, ausgebildet werden konnten! und sie sind doch ausgebildet worden, und zwar in ganzen Familien, bei allen Arten und bei jeder Art wieder in einer andern, gerade für sie besonders zweckmässigen Weise.

Besonders auffällig zeigen uns solche Fälle dieses stete Dasein der nützlichen Variationen, wo es sich um die Ausbildung ganz besondrer und für die betreffende Organismengruppe ungewöhnlicher Anpassungen handelt, wenn wir z. B. Einrichtungen zum Fangen kleiner Thiere und zum Verdauen derselben bei ganz verschiedenen Pflanzen weit getrennter Familien finden. Aber auch sehr gewöhnliche Anpassungen, wie die Augen der Thiere, zeigen deutlich, dass überall, wo es nothwendig war, die nützlichen Variationen zur Bildung eines Auges sich darboten und an sehr verschiedenen Körperstellen, immer aber gerade an solchen, an welchen Sehorgane am meisten leisten konnten; so bei den Turbellarien und vielen andern Würmern, die im Licht leben, am Vorderende des Körpers auf der Rückenfläche, bei gewissen Muscheln am Mantelrand, bei den Landschnecken auf den Fühlern, bei gewissen tropischen Meeresschnecken des Flachwassers auf dem Rücken, bei den Chitonen sogar auf der Rückenfläche der Schale!

Aber auch bei den allereinfachsten Fällen von Selection kommen wir ohne diese Voraussetzung nicht aus, dass die nützlichen Variationen immer da sind, d. h. dass sie sich in einer für den Züchtungsprocess hinreichend grossen Anzahl von Individuen stets darbieten. Wer kennte nicht die Dicke und Resistenzfähigkeit der Schale bei den Eiern der Spulwürmer und die Bedeutung derselben für die Erhaltung der Art, entwickelten sich doch die Eier des Pferde-Spulwurms ruhig weiter, nachdem man sie in starken Alcohol und in alle möglichen andern schädlichen Flüssigkeiten geworfen hatte — sehr zum Verdruss und Schaden der Embryologen, welche ein bestimmtes Entwicklungsstadium zu conserviren und auf diesem den Embryo zu tödten beabsichtigten! Wie nun, wenn sich im Laufe der Phylogenese dieser Würmer dickere und resistentere Variationen der Eischale nicht dargeboten hätten? oder doch nicht immer, nicht in jeder

Generation, nicht bei einer genügenden Menge von Individuen?[1])

Vollends überwältigend treten die Thatsachen uns entgegen, wenn wir bedenken, dass ja keine, oder kaum irgend eine Abänderung allein auftritt, dass jede primäre Abänderung secundäre nach sich zieht, und dass diese viele Theile des Körpers und oft in ganz verschiedenartiger, ja widersprechender Weise abzuändern zwingen.

So sind fast alle Abänderungen der Form und Farbe eines Thieres zum Behuf des Schutzes verbunden mit gleichzeitig entstandenen Abänderungen von Instincten, ohne welche die protective Aehnlichkeit nutzlos bliebe. Die so überaus täuschende Aehnlichkeit gewisser Nachtschmetterlinge mit einem Stückchen Holz würde ihnen nichts helfen, wäre sie nicht zugleich mit dem Instinct verbunden, bei drohender Gefahr sich „todt zu stellen", d. h. regungslos mit angezogenen Beinen, Fühlern und Flügeln zu verharren, statt zu flüchten. Hier müssen also neben den Veränderungen der äufsern Erscheinung des Thieres solche in den feinsten Structuren des centralen Nervensystems parallel gegangen sein, obgleich diese mit jenen in gar keinem innern Zusammenhang stehen. So ist es aber in tausend und aber tausend Fällen, ja auch jede irgend wesentliche Veränderung eines dem Willen unterworfenen Organs oder Organ-Complexes erfordert eine solche parallelgehende Veränderung der dem Thiere eingebornen Gebrauchsanweisung desselben, d. h. eine Abänderung der Reflex-Mechanismen und Instincte, die seine richtige Functionirung leiten. Wie hätte nun Alles dies in

---

[1]) Vergleiche im Anhang Zusatz 2.

so unzähligen Fällen jedesmal eintreten können, wenn die nützlichen, d. h. die nothwendigen Variationen der betreffenden Organe sowohl, als der ihrem Gebrauch vorstehenden Nervenmechanismen nicht stets zu haben gewesen wären?

Und ganz ebenso verhält es sich bei solchen secundären Veränderungen, welche zur Herstellung der Harmonie zwischen dem primär abgeänderten Theil und den damit in Correlation stehenden Theilen des Körpers nothwendig sind, wie dies von Herbert Spencer noch neuerdings hervorgehoben wurde, und zwar als ein — wie er meinte — schlagender Beweis dagegen, dass solche koadaptive Veränderungen zahlreicher, zusammen functionirender Theile auf Naturzüchtung beruhen könnten. Wenn ich nun auch diesen Schluss für irrig halte, so deutet doch die Thatsache selbst einer gleichzeitigen, functionell zwar harmonischen, aber ihrem Wesen nach ganz verschiedenartigen Abänderung zahlreicher Theile sehr bestimmt darauf hin, dass der Selection Darwin's und Wallace's noch Etwas fehlt, was wir zu ergründen suchen müssen, und ohne welches Selection noch keine volle Erklärung der phyletischen Umwandlungsprocesse gibt. Es steckt noch ein Geheimniss hier verborgen, das aufgefunden werden muss, ehe wir eine befriedigende Einsicht in diese Vorgänge gewonnen haben. Wir müssen zu erkennen suchen, wie es kommt, dass die nützlichen Variationen immer da sind!

Herbert Spencer hat zur Erklärung der Coadaptation das Lamarck'sche Princip angerufen, und es ist ja auch gewiss, dass functionelle Anpassung während des Einzellebens thätig ist und die Ungleichheit der ererbten Anlagen bis zu einem gewissen Grade ausgleicht. Ich will nicht wiederholen, was ich darüber früher schon gesagt habe, auch nicht etwa gegen Spencer geltend machen, dass functionelle Anpassung selbst nichts Anderes ist, als der Ausfluss von Selectionsprocessen intrabiontischer Natur, wie dies Spencer selbst vorahnend einst angedeutet, Wilhelm Roux aber als den „Kampf der Theile" in die Wissenschaft eingeführt hat[1]). Ich erinnere nur daran, dass, wären selbst functionelle Anpassungen vererbbar, dies doch nicht zur Erklärung der Coadaptation ausreichte, weil ganz entsprechende coadaptive Abänderungen an rein passiv functionirenden Theilen vorkommen, bei denen also eine Veränderung durch die Function ausgeschlossen ist. Dies verhält sich so bei den Sceletttheilen der Gliederthiere, z. B. bei ihren Gelenkflächen mit ihren complicirten Anpassungen an die verschiedenartigsten Bewegungsformen. In allen diesen Fällen tritt erst das fertige, harte und unveränderbare Chitinstück in Thätigkeit, seine Anpassung an die Function muss also vorher erfolgt sein, unabhängig von dieser Function. Diese Gelenke und sonstigen Theile haben sich demnach in genauester Weise für die Function gebildet, ohne dass doch diese einen directen Antheil an ihrer Bildung gehabt haben kann. Wenn man nun erwägt, dass doch unmöglich jede der zahlreichen Flächen, Leisten, Gruben und Kanten, die an einem solchen Gelenk, geschweige denn an allen Gelenken des Körpers sich finden, über Leben und Tod der Individuen durch lange Generationsreihen hindurch entscheiden kann, so wird man wiederum darauf hingewiesen, dass die

---

[1]) Vergleiche meine Schrift: „Neue Gedanken zur Vererbungsfrage". Jena 1895, p. 10 Anmerkung 2.

bisherige Auffassung der Selectionsvorgänge nicht ausreicht, dass vielmehr die Wurzel des Processes tiefer liegen muss, nämlich da, wo darüber bestimmt wird, welche Variationen der Theile des Organismus auftreten sollen: **im Keim.** Nach derselben Richtung deuten auch **die Erscheinungen der Verkümmerung werthlos gewordener Theile.** Sie zeigen deutlich, dass die gewöhnliche Selection, die durch Beseitigung ganzer Personen arbeitet, die Personal-Selection, wie ich sie nennen will, nicht Alles allein bewirkt; denn in den wenigsten Fällen von Verkümmerung kann daran gedacht werden, dass die kleinen individuellen Schwankungen in der Grösse des betreffenden Organs Selectionswerth haben könnten. Wir sehen vielmehr solche Rückbildungen **wie einen stetigen, aus innern Ursachen hervorfliessenden Entwicklungsprocess** seinen Ablauf nehmen, bei dem von einer Auswahl der Personen, einem Ueberleben des Passendsten, d. h. desjenigen mit dem kleineren Rudiment, gar keine Rede sein kann. Das ist ja gerade der Hauptgrund, der dem Lamarck'schen Princip so zahlreiche Anhänger in neuester Zeit wieder zugeführt hat, besonders unter den Paläontologen. Sie sehen die Aussenzehen der Hufthiere im Laufe langer Generationsreihen und Artfolgen stetig mehr und mehr verkümmern, gleichzeitig mit der Verstärkung der einen oder zwei Mittelzehen, die vorwiegend oder später allein noch zum Auftreten benutzt werden, und sie glauben mit Recht, dies nicht der Personal-Selection allein zuschreiben zu können; sie fordern ein Princip[1]), welches die Verkümmerung **von innen heraus**

---

[1]) Vergl. im Anhang den Zusatz 3.

bewirke, und glauben es in der functionellen Anpassung gefunden zu haben. In diesem letzteren Punkte nun irren sie, wie ich glaube, so sehr sie auch von der Richtigkeit ihrer Ansicht überzeugt sein und in wie aggressiver Weise sie dieselbe zuweilen auch vertheidigen mögen. Ein sehr umsichtiger und ruhig urtheilender Forscher, Lloyd Morgan, hat zwar auch noch vor Kurzem gemeint, das Lamarck'sche Princip müsse wenigstens als eine **Arbeitshypothese** anerkannt werden. Aber gerade das muss ich heute wenigstens bestreiten; eine Arbeitshypothese kann falsch sein und doch vorwärts leiten, weil sie eben das Problem stellt und die Wege beleuchtet, die eingeschlagen werden können; aber mir scheint, dass eine solche Hypothese ihre Dienste gethan hat und abgedankt werden muss, sobald sie in unlösbaren Widerspruch mit Thatsachen geräth. Wenn gezeigt werden kann, dass genau die gleichen Verkümmerungs-Vorgänge auch an solchen überflüssig gewordenen Theilen ihren Ablauf nehmen, die gar nicht **wirklich**, sondern nur **passiv** functioniren, wie dies bei den **Chitintheilen des Arthropodenskelettes** der Fall ist, so ist damit erwiesen, dass das Nachlassen der Functionirung nicht die bewirkende Ursache des Verkümmerungsprocesses ist. Von dem Augenblick an verwandelt sich die berechtigte „Arbeitshypothese" in ein unberechtigtes Dogma, unberechtigt, weil es nicht mehr auf den Weg zur Erkenntniss leitet, sondern ihn versperrt. Denn wer überzeugt ist, die richtige Erklärung schon zu besitzen, **der** sucht sie nicht mehr.

Ich begreife zwar sehr wohl, wie in Betreff dieser Frage Viele bisher noch schwankend bleiben konnten, denen mehr die **eine** als die **andre** Seite der Thatsachen sichtbar war.

Von diesem Standpunkt des Zweifels aus hat Osborn den folgenden, völlig richtigen Schluss gezogen: „Wenn es wahr ist, dass erworbene Abänderungen vererbt werden, dann muss ein noch unbekanntes Princip in der Vererbung enthalten sein; — werden sie nicht vererbt, dann muss ein noch unbekannter Factor bei der Umwandlung mitspielen[1])."

Das Letztere muss in der That der Fall sein, und ich will heute versuchen, diesen Factor nachzuweisen. Meine Schlussfolgerung ist eine sehr einfache: Wenn wir durch die Thatsachen von allen Seiten zu der Annahme gedrängt werden, dass die nützlichen Variationen, welche die Selection erst ermöglichen, immer da sind, dann **muss ein tieferer Zusammenhang zwischen der Nützlichkeit einer Variation und ihrem wirklichen Auftreten bestehen**, oder mit andern Worten: **die Variationsrichtung eines Theils muss durch die Nützlichkeit bestimmt werden**, und wir werden uns umzusehen haben, ob nicht Thatsachen vorliegen, die diese Vermuthung zu begründen vermögen.

Sie liegen in der That vor Aller Augen, wenn sie auch bisher nicht als solche erkannt worden sind. Die ganze künstliche Züchtung, welche der Mensch ausübt, beruht ja darauf, dass in Folge der Auswahl von Individuen mit einem etwas stärker ausgebildeten Charakter nach und nach eine Steigerung dieses Charakters eintritt, bis zu einer Höhe, wie sie zu Beginn des Züchtungsprocesses **in keinem In-**

---

[1]) H. F. Osborn, „The hereditary mechanism and the search for the unknown factors of evolution", in „Biological Lectures delivered in the summer session of 1894", Boston 1895.

dividuum jemals vorgekommen war. Ich greife ein Beispiel heraus, welches mir besonders klar und einfach zu liegen scheint, weil hier im Wesentlichen nur ein Charakter überhaupt verändert wurde. Die langschwänzige Varietät des Haushahns, welche in Japan und Korea heute gehalten wird, beruht auf geschickter Züchtung, keineswegs darauf, dass einmal ein Hahn mit sechs Fuss langen Schwanzfedern plötzlich und sprungweise aufgetreten wäre. Heute noch verwenden die Züchter — wie mir Herr Professor Ischikawa in Tokio schreibt — ausserordentliche Mühe darauf, die Schwanzfedern noch weiter zu verlängern, und jeder Zoll, der an Länge gewonnen wird, macht den Vogel um ein Bedeutendes werthvoller. Hier ist nun also nichts weiter geschehen, als dass immer die Hähne mit den längsten Federn zur Zucht gewählt wurden, und dadurch allein sind diese Federn im Laufe einer längeren Reihe von Generationen zu einer Länge gesteigert worden, die weit über jede Variation hinausgeht, welche etwa früher vorkam.

Ich fragte einmal einen berühmten Taubenzüchter[1]), ob er annehme, dass durch die künstliche Züchtung selbst ein Charakter gesteigert werden könne. Er besann sich lange und sagte dann: „Wir können freilich nichts machen, wenn die Variation, die wir wünschen, sich uns nicht darbietet, aber ist sie einmal da, dann, glaube ich, gelingt auch die Steigerung." Nun in der That, so muss es sein. Wenn es keine Hähne gegeben hätte, deren Schwanzfedern etwas länger gewesen wären, als gewöhnlich, so hätte die japanische Rasse nie entstehen können, so aber ist **nur dadurch, dass in jeder Generation stets die Hähne mit**

---

[1]) Herrn W. B. Tegetmeier in London.

den längsten Federn zur Nachzucht ausgewählt wurden, eine so bedeutende erbliche Steigerung dieses Charakters eingetreten, wie man es kaum für möglich gehalten hätte. Das heisst aber nichts Anderes, als dass die erbliche Anlage, die Keimesanlage in diesem Sinne verändert worden ist, und der Schluss aus dieser und so zahlreichen ähnlichen Thatsachen der künstlichen Züchtung lautet also: **Allein durch Auswahl der Plus- oder Minus-Variationen eines Charakters wird derselbe zu fortgesetzter Abänderung nach der Plus- oder Minus-Richtung bestimmt.**

Offenbar ist auch die erbliche Verkleinerung eines Theils durch blosse Auslese der in jeder Generation mit kleinstem Theil behafteten Individuen erzielt worden, wie z. B. die winzigen Schnäbel und Füsse mancher Taubenrassen beweisen. Wir dürfen also allgemein sagen: durch fortgesetzte Auslese in bestimmter Richtung wird eine bestimmt gerichtete progressive Variation des betreffenden Theils hervorgerufen; das ist keine Hypothese, sondern ein unmittelbarer Schluss aus den Thatsachen, den man auch so ausdrücken kann: **durch eine solche Auslese wird der Keim derart progressiv verändert, wie es der Hervorbringung einer bestimmt gerichteten, progressiven Variation des betreffenden Theils entspricht.** In dieser allgemeinen Fassung wird diesem Satz von keiner Seite widersprochen werden können, da wohl Niemand die Ansicht zu vertreten gewillt ist, der Keim bliebe unverändert, während die aus ihm sich entwickelnden Producte, die Nachkommen, sich verändern;

Jeder wird vielmehr zustimmen, wenn ich sage, dass der Keim in diesem Falle Veränderungen erlitten haben muss, und zwar solche, die den Veränderungen seiner Producte entsprechen. Soweit also befinden wir uns nicht auf dem Boden der neuerdings so viel geschmähten Hypothese, sondern auf dem der Thatsachen und unmittelbaren Schlüsse aus den Thatsachen.

Wollen wir aber versuchen, tiefer einzudringen, so bedürfen wir der Hypothese.

Die nächstliegende Erklärung wäre die, dass durch die Selection der Nullpunkt, um welchen herum — bildlich gesprochen — ein Organ in Plus- und Minus-Variationen schwankt, nach auf- oder nach abwärts verschoben wird. Schon Darwin hat angenommen, dass die Variationen um eine Mittlere herum schwanken, und die statistischen Untersuchungen von Galton, Weldon u. A. haben den Beweis dafür erbracht. Wenn nun Selection immer Plus-Variationen zur Nachzucht auswählt, so wird nothwendig dadurch diese Mittlere oder dieser Nullpunkt nach oben verschoben, und die Variationen der folgenden Generation schwanken nun um eine höhere Mittlere als vorher. Auf diese Weise müsste dieses Emporheben des Nullpunktes einer Variation so lange sich fortsetzen können, als nicht das Gesammt-Gleichgewicht des Organismus dadurch gestört wird.

Dabei ist aber doch Etwas vorausgesetzt, was sich nicht von selbst versteht, dass nämlich jede neue Emporhebung der betreffenden Variation auch wieder auf's Neue den Mittelpunkt bildet für die in der folgenden Generation vorkommenden Variationen. **Dass es so ist**, beweisen solche

Züchtungs-Resultate, wie die beim japanischen Hahn erzielten, es fragt sich aber, **woher dies kommt, warum es so ist**.

Hier gibt nun meine Determinanten-Theorie, wie mir scheint, befriedigende Antwort. Nach ihr ist jeder selbstständig und erblich variable Theil im Keim durch eine „Determinante", d. h. eine ihn bestimmende Gruppe von Lebenseinheiten, vertreten, deren Grösse und Assimilationskraft der Grösse und Stärke des betreffenden Theils entspricht. Diese Determinanten vermehren sich, wie alle Lebenseinheiten durch Wachsthum und Theilung, und sie müssen sich in jedem Individuum stark vermehren, um so stärker, je zahlreichere Keimzellen dasselbe hervorbringt. Da nun aber in den kleinsten und unsichtbaren Verhältnissen Ungleichheiten der passiven Ernährung, des Nahrungszuflusses ebensowenig ausgeschlossen sein werden, als in den grösseren, sichtbaren der Zellen, Gewebe und Organe, so werden die Nachkommen einer Determinante niemals alle ganz genau von derselben Grösse und Assimilationskraft sein, sondern sie werden um die Mutter-Determinante, als um ihren Nullpunkt, schwanken, theils grösser, theils kleiner sein, zum Theil ebenso gross. In diesen Schwankungen nun ist das Material für weitere Selection gegeben, in den unvermeidlichen Schwankungen des Nahrungszuflusses sehe ich den Grund, warum jedes erreichte Stadium sofort wieder der Nullpunkt für neue Schwankungen wird, warum also die Grösse eines Theils durch Selection unbegrenzt hinauf- oder herabgesetzt werden kann, allein durch die Verschiebung des Variations-Nullpunktes in Folge von Selection.

Wir würden aber irren, wenn wir glaubten, mit dieser

Erkenntniss schon auf die Wurzel des Vorgangs gekommen zu sein, um den es sich hier handelt. Es muss noch etwas Anderes und Mächtigeres mitspielen, als die blosse Auswahl der Personen und die durch sie bedingte Verschiebung des Nullpunktes der Variation.

Allerdings könnte es scheinen, als ob in einem Falle, wie dem des japanischen Hahns, die Steigerung des betreffenden Charakters sich dadurch allein schon vollständig erklärte; wir können eben in diesem und ähnlichen Fällen nicht tiefer in den Variationsprocess hineinsehen und können deshalb nicht von vornherein darüber urtheilen, ob bei der Steigerung des betreffenden Charakters nicht noch etwas Anderes mitspielt, als die blosse Verschiebung des Nullpunktes. Es gibt aber noch eine andere Art von phyletischen Veränderungen, und diese deuten sehr bestimmt darauf hin, dass die Verschiebung des Nullpunktes der Variation durch Personen-Auslese nicht der einzige Factor in der Bestimmung und Bewirkung der Variationsrichtung sein kann.

Ich meine die rückschreitende Entwicklung, die allmälige Verkümmerung nutzlos gewordener Theile oder Charaktere, das allmälige Schwinden des Auges bei den Dunkelthieren, der Beine bei den Blindschleichen, Schlangen, Walen u. s. w., der Flügel beim Kiwi und manchen Schmetterlingsweibchen — kurz die ganze grosse Thatsachenmasse der rudimentären Organe. Eine wie bedeutende Rolle diese Rückbildungen in dem grossen Process der Entwicklung der Lebensformen spielen, habe ich früher einmal zu zeigen versucht und damals den Satz ausgesprochen, dass „die Erscheinungen der Rückbildung uns fast noch mehr als die der Fortbildung zu den Ursachen hinabzudringen gestatten, welche die Umwandlungen in der lebenden Natur hervorrufen[1])."

Obgleich ich damals noch nichts von den Vorgängen ahnte, welche ich heute als existirend nachweisen möchte, so bestätigt sich doch dieser Ausspruch gerade an ihnen in unerwarteter Weise.

Denn bei den meisten, wenn nicht bei allen Rückbildungsprocessen spielt active Selection in Darwin'schem Sinne keine Rolle, und mit Recht haben die Anhänger des Lamarck'schen Princips — wie schon oben bemerkt wurde — bestritten, dass active Selection, d. h. Auslese derjenigen Personen, welche das nutzlose Organ in reducirtestem Zustand besitzen, zur Erklärung des Verkümmerungsprocesses ausreiche. Auch ich habe dies niemals angenommen und habe eben gerade deshalb das Princip der Panmixie aufgestellt. Obgleich dieses nun, wie ich auch heute noch nicht bezweifle, ein vollkommen richtiges Princip ist, welches in der That einen wesentlichen und unentbehrlichen Antheil an dem Rückbildungsprocess hat, muss ich doch heute glauben, dass dasselbe allein zur vollständigen Erklärung der Erscheinungen noch nicht ausreicht.

Diejenigen meiner Gegner, welche zwar nicht jede Wirksamkeit der Panmixie in Abrede stellten, wohl aber ihr Ausreichen zur Erklärung des völligen Schwunds eines Theils, haben insoweit Recht gehabt, wie ich gern anerkenne, wenn sie auch ausser Stande waren, etwas Positives zu leisten und meine noch unvollkommene Erklärung zu einer vollständigen zu machen.

---

[1]) „Ueber den Rückschritt in der Natur." Jena 1886, abgedruckt in den „Aufsätzen über Vererbung" etc. Jena 1892, p. 547.

Wohl würde sich allein schon aus dem Aufhören der Controle über das Organ dessen **Degeneriren** verstehen lassen, d. h. sein Schlechtwerden, Disharmonie seiner Theile, nicht aber das, was doch thatsächlich überall eintritt, wo ein Organ nutzlos geworden ist, **seine ganz allmälige und stetige, durch Jahrtausende sich fortsetzende Verkleinerung bis zu völligem Verschwinden.**

Wenn nun weder die Auslese der Personen, noch das Aufhören jeder Personal-Auslese diese Erscheinung erklären kann, so muss es noch ein andres Princip geben, welches hier die bewirkende Ursache ist, und dieses glaube ich in einer am Ende des vorigen Jahres (1894) schon geschriebenen, aber erst im Herbst 1895 veröffentlichten Abhandlung[1]) aufgezeigt zu haben; ich nenne es **Germinal-Selection.**

Dasselbe beruht auf der von Wilhelm Roux vor fünfzehn Jahren in die Wissenschaft eingeführten Uebertragung des Selectionsprincips auf die Theile des Organismus, auf dem „**Kampf der Theile**". Wenn ein solcher zwischen den Organen, den Geweben, den Zellen stattfindet, so muss er auch zwischen den kleinsten, für uns unsichtbaren Lebenstheilchen stattfinden, und zwar nicht nur zwischen denen der Körperzellen sensu strictiori, sondern auch zwischen denjenigen der Keimzellen. Roux selbst sprach auch schon vom Kampf der „Molecüle", womit er damals wohl die kleinsten Einheiten meinte, die noch die Lebenserscheinungen hervorbringen, das was zuerst de Vries als **Pangene,** dann Wiesner als **Plasome** und

---

[1]) „Neue Gedanken zur Vererbungsfrage." Jena 1895.

ich selbst als **Biophoren** bezeichnete, nachdem **Brücke's** geniale Conception dieser unsichtbaren Wesen beinahe in Vergessenheit gerathen war, jedenfalls nahezu dreissig Jahre geruht hatte [1]). Zwischen wirklichen „Molecülen" könnte ein Kampf im Sinne der Selectionslehre nicht stattfinden, weil sie sich weder ernähren, noch wachsen, noch fortpflanzen.

Das allmälige Verkümmern nutzlos gewordener Organe erklärt sich nun auf der Grundlage der Determinanten-Theorie in folgender Weise ohne jede Zuhülfenahme der Personen-Selection.

Die Ernährung ist bekanntlich nicht blos ein passiver Vorgang; ein Theil wird nicht nur ernährt, sondern er ernährt sich auch activ selbst, und zwar um so stärker, je kräftiger und assimilationsfähiger er ist. Kräftige Determinanten im Keim werden also die Nahrung stärker an sich ziehen, als schwächere, letztere werden deshalb langsamer wachsen und schwächere Nachkommen liefern, als jene.

Nehmen wir nun an, ein Theil des Körpers, etwa die hintere Extremität der vierfüssigen Vorfahren unsrer Wale, werde nutzlos, so tritt Panmixie ein, d. h. Selection hört auf, dieses Organ zu beeinflussen; Personen mit grösseren und solche mit kleineren Hinterbeinen sind gleich günstig gestellt im Kampf ums Dasein. Daraus allein geht schon ein Herabsinken des Organs hervor, freilich nur ein geringes, insofern die vorkommenden Minus-Variationen nicht mehr beseitigt werden. Nun beruhen aber solche Minus-Variationen der Voraussetzung nach auf schwächeren Determinanten des Keims, d. h. auf solchen, welche die Nahrung weniger kräftig anziehen, als andere. Da nun aber jede Determinante um die Nahrung mit ihren Nachbarn kämpft,

---

[1]) Vergleiche Zusatz 5 des Anhangs.

d. h. soviel davon an sich zieht, als sie vermöge ihrer Assimilationskraft und vermöge des vorhandenen Nahrungsvorraths anzuziehen vermag, so werden die ungeschwächten Nachbarn dieser Minus-Determinante[1]) ihr die Nahrung stärker entziehen, als ihren stärkeren Vorfahren; sie wird also nicht soviel Nahrung an sich ziehen können, als ihrem, wenn auch schwächeren Assimilationsvermögen entspricht, und die Folge wird sein, dass ihre Nachkommen noch etwas schwächer ausfallen. Da nun eine Ausmerzung schwächerer Determinanten des Hinterbeins durch Personen-Selection nicht mehr stattfindet — der Voraussetzung nach —, so muss unvermeidlich die Durchschnittsstärke dieser Determinante langsam, aber stetig abnehmen, d. h. das Bein muss kleiner und kleiner werden, bis es schliesslich ganz verschwindet. Die Determinanten des nutzlosen Organs befinden sich fortgesetzt im Nachtheil gegenüber den Determinanten ihrer Umgebung im Keimgebäude, weil ihnen nie mehr durch Personal-Selection aufgeholfen wird, wenn sie erst einmal durch geringeren passiven Nahrungszufluss schwächer geworden sind. Auch durch die unausgesetzt stattfindende Kreuzung der Personen bei geschlechtlicher Fortpflanzung wird das Herabsinken nicht aufgehalten, sondern nur noch etwas verlangsamt. Die Zahl der Personen mit schwächeren Determinanten muss sich trotzdem von Generation zu Generation vermehren, so dass bald jede

---

[1]) Nur der Kürze halber spreche ich hier stets nur von „Determinanten" schlechthin, anstatt von Determinanten-Gruppen, wie es richtiger wäre. Es versteht sich, dass eine ganze Extremität, die hier als Beispiel zu Grunde gelegt ist, nicht nur durch eine einzelne Determinante, sondern durch eine ganze Gruppe von Determinanten im Keim vertreten sein muss.

noch etwas stärkere Determinante einer Ueberzahl von schwächeren gegenübersteht, sich also bei weiter fortgesetzter Kreuzung immer mehr verliert. Panmixie ist die unerlässliche Vorbedingung des ganzen Processes, denn nur dadurch, dass die Personen mit schwächeren Determinanten ebenso lebensfähig sind, als die andern, dass sie nicht mehr, wie früher, als das Organ noch nützlich war, beseitigt werden durch Personen-Selection, wird es bewirkt, dass in der folgenden Generation eine weitere Abschwächung eintritt, kurz nur dadurch gerathen diese Determinanten des nutzlosen Organs auf die schiefe Ebene, auf der sie unaufhaltsam, wenn auch sehr langsam gegen ihren völligen Untergang hin abwärts gleiten[1]).

Man wird vielleicht diese meine Erklärung **in rein formalem Sinn** als befriedigend gelten lassen, aber einwerfen, dass sie damit noch nicht als die richtige erwiesen sei. Dagegen kann ich nichts vorbringen, als dass sie vorläufig die einzige ist, welche gegeben werden konnte. Ich gestehe gern zu, dass damit die **wirklichen** Vorgänge in der Natur nur sehr unvollkommen errathen sein mögen, aber wenn dies auch nur im Princip gelungen sein sollte, so wäre es schon viel; ja wenn selbst dies nicht der Fall wäre, so erschiene mir auch das schon als ein Gewinn, wenn nur wenigstens gezeigt werden konnte, dass überhaupt auf mechanischem Wege eine Selbststeuerung der Variation durch das Bedürfniss denkbar ist. Man darf auch nicht vergessen, dass **irgend ein Vorgang** im Keimplasma seinen Ablauf nehmen **muss**, wenn ein Organ rudimentär wird, und zwar ein derartiger, dass daraus der Schwund

---

[1]) Vergleiche **Zusatz 4 des Anhangs**.

dieses Organs und **nur dieses Organs** resultirt. Worin sollte dieser Vorgang bestehen, wenn nicht in einer Veränderung in der Constitution des Keims? **und wie sollte sich die Wirkung einer solchen Veränderung des Keims auf das eine, rudimentär werdende Organ beschränken können, wenn sie nicht selbst nur eine locale wäre?** Das sind Fragen, welche Diejenigen zu beantworten haben, die die Keimsubstanz aus **gleichen** Einheiten zusammengesetzt sein lassen.

Wenden wir nun die aus dem Schwinden von Organen abgeleitete Erklärung auf die entgegengesetzte Umwandlung, auf die **Vergrösserung eines Theils** an, so liegt die Vermuthung nahe, dass die Züchtung der langen Schwanzfedern des japanischen Hahnes **nicht** lediglich auf der durch die Personen-Auslese direct bewirkten Verschiebung des Variations-Nullpunktes nach oben beruht, sondern dass auch **sie gefördert und verstärkt wird durch Germinal-Selection.** Wenn es überhaupt eine Germinal-Selection giebt — und das geht aus dem gesetzmässigen Schwinden nutzlos gewordener Theile hervor —, dann muss sie sowohl nach der positiven, wie nach der negativen Seite hin thätig sein. Es lässt sich aber noch eine andere ebenso zwingende Schlussfolge dafür geltend machen. Denn wäre es nicht so, so würden die **Erscheinungen der Art-Umwandlung,** soweit sie die Entstehung von Neuem und die Vergrösserung und Complicirung von Vorhandenem betrifft, **um nichts verständlicher sein als sie es vorher waren.** Wir wüssten wohl, wie es kommt, dass die Keimes-Anlagen (Determinanten-Gruppen) eines einzelnen Theils sich in bestimmter Richtung steigern könnten durch Züchtung, aber die Fluth von Einwendungen gegen die Selectionstheorie, welche sich auf ihre vermeintliche Unfähigkeit bezieht, gleichzeitig viele Theile zu verändern, wäre dadurch nicht zurückgedämmt. Es muss in der Nützlichkeit einer Veränderung selbst der Anstoss liegen für die selbstständige Einhaltung der nützlichen Variationsrichtung im Keimplasma, und auch das erscheint mir von der Theorie aus verständlich. Denn sobald Personal-Selection die stärkeren Variationen einer Determinante begünstigt, diese also nach und nach im Keimplasma der Art vorherrschen, so müssen dieselben auch dazu neigen, noch stärker nach der Plus-Seite zu variiren, nicht blos deshalb, weil der Nullpunkt weiter nach aufwärts gerückt ist, sondern weil sie selbst jetzt ihren Nachbarn relativ stärker gegenüberstehen, also **activ** mehr Nahrung an sich ziehen, und im Ganzen stärker wachsen und kräftigere Nachkommen erzielen. Es wird also aus den Kraftverhältnissen zwischen den Theilchen des Keimplasmas selbst schon eine aufsteigende Richtung der Variation hervorgehen, ganz so, wie sie die Umwandlungsthatsachen verlangen. Denn wie ich schon sagte, es genügt nicht, dass durch unausgesetzte Personal-Selection die Steigerung eines Charakters zu Stande gebracht wird, auch selbst dann nicht, wenn die Verschiebung des Nullpunktes wirklich möglich wäre ohne Germinal-Selection.

So scheint mir, lässt sich verstehen, wie Personal-Selection den Anstoss zu Vorgängen im Keimplasma gibt, die, wenn sie einmal in Gang gebracht sind, von selbst in der gleichen Richtung weitergehen und deshalb **nicht der unausgesetzt auf einen bestimmten Theil allein gerichteten Nachhülfe** der Personal-Selection bedürfen. Wenn nur von Zeit zu Zeit, d. h. also durchschnittlich die Schlechtesten, die Träger der schwächsten Determinanten, beseitigt werden, so muss die auf Germinal-Selection beruhende Variationsrichtung des betreffenden Theils andauern, und derselbe wird sehr langsam, aber ganz sicher zunehmen, so lange bis eine weitere Vergrösserung keinen Nutzen mehr bringt und Personal-Selection Halt gebietet, d. h. sich anschickt, in umgekehrtem Sinn einzugreifen.

Auf diese Weise fängt es an, verständlich zu werden, wie so **gleichzeitig eine ganze Menge von Veränderungen verschiedener Art und sehr verschiedenen Grades** gleichzeitig durch Personal-Selection geleitet werden kann, wie genau entsprechend der Zweckmässigkeit jeder Theil abändert oder unverändert bleibt, wie ein Gelenk sich derart umgestalten kann, dass es an der einen Seite schwindet, an einer andern zunimmt, an einer dritten unverändert bleibt. Denn jeder Theil von vollkommener Anpassung kann zwar wohl etwas hin und her schwanken, nicht aber dauernd sich nach auf- oder abwärts verändern, weil jede Plus- und jede Minus-Variation, welche Selectionswert erreichte, durch Personal-Auslese im Laufe der Zeit beseitigt werden würde; eine bestimmte Richtung der Variation kann also in diesem Fall nicht entstehen, und wir haben damit, wie mir scheint, zugleich eine befriedigende Erklärung der **Constanz** wohlangepasster Arten und Charaktere gewonnen.

Ich habe bisher nur von Plus- und Minus-Variationen gesprochen; es gibt aber bekanntlich nicht nur **Veränderungen der Grösse**, sondern auch **der Art** nach, und gerade die vorhin als Beispiel benutzten Schmetterlingsfärbungen würden nach dem gewöhnlichen Sprachgebrauch unter die Qualitäts-Variationen fallen. Es fragt sich also, ob auch bei qualitativen Abänderungen die eben entwickelten Principien Gültigkeit beanspruchen können.

Bei Erwägung dieser Frage muss vor Allem berücksichtigt werden, dass bei weitem die meisten Qualitäts-Aenderungen, welche hier in Betracht kommen, auf Quantitäts-Aenderungen beruhen. Man wird zwar chemische Umsetzungen, die ja meist auch Quantitäts-Aenderungen einschliessen, nicht auf die geschilderten Steigerungsvorgänge zurückführen können, da diese sich ihrem Wesen nach nur an lebendigen, der Vermehrung durch Fortpflanzung fähigen Elementen abspielen können; allein das Eingreifen der Selection beginnt auch nicht erst bei den „Anlagen" des Keims, den Determinanten, sondern bei den letzten Lebens-Einheiten, den Biophoren, jenen dem Auge zwar nicht mehr sichtbaren, wohl aber dem Verstand mit derselben Sicherheit erschliessbaren Elementen, als wenn sie sichtbar wären [1]).

Eine Determinante muss aus verschiedenartigen Biophoren zusammengesetzt sein und auf dem Zahlenverhältniss derselben beruht der Voraussetzung nach ihre specifische Natur. Aendert sich dasselbe, so ändert sich auch die Natur der Determinante. Nun müssen aber Verschiebungen in diesem Zahlenverhältniss allsobald eintreten, sobald sie nützlich sind, d. h. sobald die dadurch bedingten Veränderungen im Wesen der Determinante selbst von Nutzen sind. Denn Ernährungs-Schwankungen und Kampf um die Nahrung mit Bevorzugung des Kräftigeren muss zwischen den Arten der Biophoren ebenso gut stattfinden, wie zwischen den Arten der Determinanten. Die Verschiebung in den Quantitäts-

---

[1]) Vergleiche den Zusatz 5 des Anhangs.

Verhältnissen der Biophoren erscheint uns aber als Qualitäts-Aenderung der betreffenden Determinanten, ähnlich wie uns auch einfache Vermehrung einer Determinante, z. B. der eines Haares, als Qualitäts-Aenderung imponiren kann, wenn dadurch eine Stelle der Haut, deren Haare vorher nur vereinzelt standen, dicht gedrängt voll Haare zu stehen kommt und so den Charakter eines wolligen Pelzes erhält. Das einzelne Haar braucht sich dabei nicht verändert zu haben und dennoch ist die Hautstelle für uns qualitativ verändert. Die grösste Zahl der uns als qualitative erscheinenden Aenderungen beruhen auf für uns unsichtbaren Aenderungen der Quantität und solche können jederzeit an jeder Stufe von Lebenseinheiten durch Germinal-Selection hervorgerufen werden, und werden in ähnlicher Weise die verschiedensten Qualitäts-Aenderungen der betreffenden Determinanten und der durch sie bestimmten Charaktere hervorrufen, wie Aenderungen im Zahlenverhältniss der Atome wesentliche Aenderungen in den Eigenschaften eines chemischen Moleculs hervorrufen.

Auf diese Weise gewinnen wir eine Vorstellung davon, wie es mechanisch möglich ist, dass geschieht, was wir doch geschehen sehen, dass nämlich die von den Lebensumständen geforderten nützlichen Variationen immer (d. h. so häufig) aufzutreten im Stande sind. Und nur, wenn dies möglich ist, verstehen wir, wie so ganz beliebig umfassende Theile des Körpers als Variations-Einheiten auftreten und gleich oder verschieden variiren können, ganz nach Bedürfniss, d. h. nach Vorschrift der Lebensbedingungen; wie es z. B. bei den Schmetterlingsflügeln ganz von der Nutzlichkeit abhängt, wie grosse und wie gestaltete Stellen in gleichem Sinne miteinander varriiren sollen. Bald erscheint die ganze Unterfläche des Flügels als Variations-Einheit und hat die gleiche Farbe, bald stellt sich eine innere dunklere Hälfte einer äusseren helleren gegenüber, bald die vordere der hinteren, bald endlich verhalten sich schmale, band- oder linienförmige Streifen als Variations-Einheiten und treten in Gegensatz zu mannigfachen Flecken und breiteren Bahnen zwischen ihnen, so dass das Bild eines Blattes, oder das einer geschützten andern Art dabei herauskommt.

Ich muss mir es versagen, näher auf solche Fälle einzugehen, und will meine Vorstellung von der Umfärbung auf Schmetterlingsflügeln an dem einfachsten Fall erläutern, der denkbar ist, nämlich an gleichartiger Umfärbung der ganzen untern Flügelfläche.

Wenn z. B. die Stammart eines **Waldschmetterlings** die Gewohnheit hatte, sich in der Ruhe an Zweige nahe dem Boden mit dürren oder faulenden Blättern zu setzen, so wird sie eine Schutzfärbung ihrer Unterseite angenommen haben, welche durch dunkle braune, gelbe, rothe Töne eine Aehnlichkeit mit solchen Blättern anstrebte. Wenn nun aber Abkömmlinge dieser Stammart später die Gewohnheit annehmen mussten — einerlei aus welchem Grunde —, sich hoch oben an die grün beblätterten Zweige zu setzen, so musste von da ab die braune Färbung minder schützend wirken, als Nuancen gegen Grün hin, und nun begann ein Process der Selection, der zunächst nur in der Bevorzugung solcher Personen bestand, deren braune und gelbe Farbentöne eine Hinneigung zu grün zeigten. Nur unter der Voraussetzung, dass solche möglich waren durch eine Verschiebung in dem Verhältniss der verschiedenen Biophoren-Arten, welche die Determinanten der betreffenden

Schuppen zusammensetzen, war eine Weiterentwicklung nach Grün hin ausführbar, dann aber musste sie erfolgen, weil ein Schwanken in den Verhältnisszahlen der Biophoren immer vorkommt, folglich das Material für Germinal-Selection stets bereit liegt. Wie stark die auf diese Weise und unter Mitwirkung von geschlechtlicher Vermischung der Charaktere zu Stande kommenden Anfangsstufen der Abweichung sind, lässt sich heute noch nicht sagen, doch liesse sich dies vielleicht einmal an besonders günstigem Material feststellen. Bevor aber besondere, darauf gerichtete Untersuchungen vorliegen, kann man a priori nur sagen, dass geringfügige Aenderungen in der Zusammensetzung einer Determinante nicht nothwendig ebenso geringe Abweichungen des betreffenden Charakters — hier also der Farbe — zu bedingen brauchen, wie ja auch geringe Aenderung in der atomistischen Zusammensetzung eines Moleculs demselben recht verschiedene Eigenschaften zuertheilen kann. Sobald aber einmal der Anfang gemacht und der Variation eine bestimmte Richtung gegeben ist, wird der Selectionsprocess weiter gehen müssen, solange bis die für die Art in dem betreffenden Fall erforderliche Treue der Nachahmung des Blattgrüns erreicht ist.

Dass solche Fälle vorgekommen sind, dafür zeugen nicht nur die Anfänge solcher Umwandlung, wie sie manche grünlich angeflogene Stücke von Kallima aufweisen, sondern vor Allem die Arten der südamerikanischen Gattung Catonephele, welche alle Waldschmetterlinge sind, und welche neben vielen Arten mit tiefbrauner Unterseite auch einige mit lebhaft grüner Unterseite aufweisen, und zwar mit einem Grün, welches nicht unserm frischen Buchen- und Eichengrün ähnelt, sondern der hellen Unterseite des Kirschlorbeerblattes, wie sie zahlreiche der dicken, oben dunkelgrünen lederartigen Blätter tropischer Waldbäume besitzen.

Der Unterschied zwischen dieser und der bisherigen Auffassung des Selectionsprocesses liegt nicht nur darin, dass von Anfang an stets eine grosse Individuenzahl mit den Anfangsstufen der gewünschten Variation vorhanden ist, da es eben immer Plus- und Minus-Variationen gibt, sondern vor Allem auch darin, dass der stetige, ununterbrochene Fortgang des einmal begonnenen Processes gesichert ist, dass es niemals an immer günstigeren Variationen bei einer grossen Zahl von Individuen fehlen kann. Selection ist also nicht mehr angewiesen, auf zufällige Variationen zu warten, sie producirt dieselben vielmehr selbst, sobald die Elemente dazu überhaupt vorhanden sind. Diese aber sind in solchen Fällen, bei denen es sich blos um Vergrösserung oder Verkleinerung eines Theils, oder eines Theils von einem Theil handelt, immer vorhanden, bei Aenderungen der Qualität aber wenigstens in vielen Fällen.

Nur auf diesem Wege sehe ich eine Möglichkeit, zum Verständniss der eigentlichen **Mimicry** zu gelangen, der Nachahmung einer Art durch eine andre; nur wenn die nützlichen Variationen durch interne Selectionsprocesse im Keim selbst hervorgerufen werden können, erscheint begreiflich, was uns doch als wirklich gegenüber steht: **die Nachahmung einer immunen Art durch zwei, drei andre Arten, oder die Nachäffung verschiedener immuner Vorbilder durch ein- und dieselbe schutzbedürftige Art.** Man wird immerhin Darwin und Wallace zugeben dürfen, dass irgend ein Grad der Aehnlichkeit zwischen Vor- und Nachbild schon von vornherein vorhanden war, wenigstens in gar manchen

Fällen[1]), allein in gar keinem Fall würde dies genügt haben, wenn nicht unbedeutende Schattirungen der Färbung den Ansatzpunkt zur Personal-Selection und damit zu selbstständiger, nur in seiner Richtung beeinflusster Germinal-Selection gegeben hätten. Unmöglich auch hätte jemals eine so weitgehende Aehnlichkeit in den Farbenmustern, und besonders in den Farbennuancen zu Stande kommen können, wenn die ganze Anpassung lediglich auf Personal-Selection beruhte. Da müsste ja fortwährend bei jeder Art eine ganze Scala der verschiedensten Farbennuancen als Variationen sich darbieten, was doch nicht der Fall ist. Wenn z. B. die mit einem nur bei Acraeen häufigen Ziegelroth geschmückte immune Acraea Egina von zwei andern Tagfaltern, einem Papilio und einer Pseudacraea[2]) so täuschend nachgeahmt wird, dass nicht nur Flügelschnitt und Zeichnungsmuster, sondern auch ganz genau eben gerade diese sonst bei Tagfaltern kaum vorkommende Nuance von Ziegelroth hervorgebracht wird, so kann das nicht auf „zufälliger", sondern es muss auf bestimmt gerichteter, durch die Nützlichkeit selbst hervorgerufener Variation beruhen. Wir können nicht annehmen, dass eine solche Färbung zufällig gerade bei diesen einzigen zwei Arten als Variation aufgetreten sei, die mit der Acraea zusammen an

---

[1]) Dass dies keineswegs in allen Fällen so ist, hat kürzlich Dixey an gewissen Weisslingen Südamerikas gezeigt, welche Heliconiden nachahmen und bei welchen ein kleiner gelbrother Streif auf der Unterseite der Hinterflügel als Ausgangs- und Anknüpfungspunkt für die Entwicklung der protectiven Aehnlichkeit mit den völlig verschieden gefärbten Heliconiden gedient hat. „On the relation of mimetic characters to the original form." Report of the British Association of 1894.

[2]) Papilio Ridleyanus und Pseudacraea Boisduvalii.

denselben Orten desselben Landes und Welttheils fliegen, an der Goldküste Afrikas. Wohl wäre es denkbar, dass richtungslose Variation dieses Ziegelroth zufällig **einmal** hervorgebracht hätte, dass sie es aber dreimal und gerade bei drei Arten, welche zusammen vorkommen, sonst aber sich nicht nahe stehen, gethan haben. sollte, ist eine Annahme, viel gewaltsamer und unwahrscheinlicher, als die eines causalen Zusammenhangs dieser Coincidenz. Nun gibt es aber Hunderte solcher Mimicry-Fälle, in denen die Farbentöne des Vorbildes mehr oder weniger, oft aber **ganz genau** wieder getroffen worden sind, und Tausende von Fällen, in denen der Farbenton einer Rinde, eines bestimmten Blattes, einer bestimmten Blüthe genau bei dem protectiv gefärbten Insect wiederholt ist — da kann von Zufall nicht die Rede sein, da **müssen die der Personen-Zuchtwahl sich darbietenden Variationen selbst schon durch das Princip des Ueberdauern des Zweckmässigen hervorgerufen worden sein!** Und dies geschieht, wie ich glauben möchte, durch solche intime Selectionsvorgänge im Innern des Keimplasmas, wie ich sie eben an Germinal-Selection zu skizziren versuchte.

Ich bin mir sehr wohl bewusst, wie schematisch meine Darstellung dieses Vorgangs heute noch bleiben muss. Hauptsächlich deshalb, weil wir über die dabei vorausgesetzten Keimes-Anlagen selbst noch so wenig Genaueres aussagen können. Ihre Existenz allerdings halte ich für gesichert, wenn ich auch nicht unterschätze, dass hervorragende Denker, wie Herbert Spencer, dieselbe bestreiten und glauben, einen aus gleichen Einheiten zusammengesetzten Keim annehmen zu können. Ich bezweifle, dass man damit auch nur eine formale Erklärung der Erscheinungen zu Stande bringen wird. In Bezug auf directe Beobachtung stehen sich die beiden Theorien gleich, denn direct **sehen** lassen sich weder meine **ungleichen**, noch **Spencer's gleiche** Einheiten der Keimsubstanz.

Wenn man aber meine „Anlagen" dadurch zu discreditiren versucht, dass man sie eine verfeinerte Ausgabe der alten Präformationstheorie Bonnet's nennt[1]), so beruht

---

[1]) Oscar Hertwig, „Zeit- und Streitfragen der Biologie". Jena 1894.

Eine Discreditirung ist das natürlich nur insofern, als man sich daran gewöhnt hat, die Präformationstheorie Bonnet's als eine abgethane Ungeheuerlichkeit zu betrachten und die Epigenese K. F. Wolff's als die allein berechtigte Auffassung, und die beiden dem zu parallelisiren, was man heute Evolution und Epigenese nennen kann. Es handelte sich aber im vorigen Jahrhundert um ganz andere Fragen, als heute, und wenn wir heute auch Alle wohl mit Wolff der Ueberzeugung sind, dass in der That Neues im Laufe der Entwicklung auftritt, so ist damit doch keineswegs schon entschieden, in welcher Weise dieses Neue in der Keimsubstanz begründet ist; denn seinen Grund muss es doch in ihr haben! Wenn deshalb O. Hertwig ein „Wehe, Wehe" über mich ausruft, weil ich Evolution und nicht Epigenese für die richtige Grundlage einer Entwicklungstheorie halte, so ist das fast ebenso naiv, als wenn Bourne die Epigenese für eine „Thatsache" und nicht für eine Theorie erklärt und sich nicht bewusst zu sein scheint, dass Thatsachen erst durch Denken, d. h. durch ihre Auslegung und Verknüpfung wissenschaftliche Bedeutung erhalten, dass Denken aber Theorie ist. Und wenn gar S. Minot sich als Haupt der Embryologen zu einem Aufruf gegen mich, als Verführer der Jugend, aufschwingt, in welchem er es „für eine wissenschaftliche Pflicht" erklärt, „sich in bestimmtester Weise gegen die Weismann'sche Theorie zu äussern", so wundert es mich nur, dass er nicht gleich eine allgemeine Abstimmung darüber in Vorschlag bringt. Das wäre doch eine neue Art der Naturforschung. (Siehe Biolog. Centralblatt vom 1. August 1895.) Man sieht, wie bei den Herren die Schulweisheit von der Unfehlbarkeit der Epigenese zum Dogma geworden ist. Wer daran rüttelt, der muss verbrannt werden!

das wohl auf Unkenntniss der letzteren. Ich will darauf hier nicht weiter eingehen, besonders da Whitman[1]) kürzlich in einigen vortrefflich geschriebenen und gedachten Aufsätzen Jedem Gelegenheit gegeben hat, sich darüber zu unterrichten. Meine Determinanten und Gruppen von Determinanten haben mit den „Präformationen" Bonnet's nichts zu thun, sie sind in gewissem Sinne sogar gerade das Gegentheil von ihnen, sie sind einfach **diejenigen lebendigen Theile des Keimes, deren Anwesenheit es bedingt, dass im Laufe der normalen Entwicklung ein bestimmtes Organ von bestimmter Beschaffenheit auftritt.** Sie erscheinen mir so als ein ganz nothwendiger und unvermeidlicher Schluss aus den Thatsachen. Es **müssen** im Keim Theile enthalten sein, die bestimmten Theilen des fertigen Organismus entsprechen, d. h. die der Grund sind, warum diese sich bilden.

Dass nicht in äusseren Umständen, sondern in einer Verschiedenheit der Keimsubstanz die Ursache liegt, warum aus dem einen Ei ein Huhn und aus dem andern eine Ente hervorgeht, wird auch von den Gegnern zugegeben werden müssen, wenn sie auch noch so sehr geneigt sind, die **Bedingungen** der Entwicklung mit den **Ursachen** derselben zu verwechseln[2]). Sie werden fernerhin auch

---

[1]) Whitman, „Evolution and Epigenesis" und „Bonnet's Theory of Evolution" in „Biological lectures delivered at the marine biological laboratory of Wood's Holl". Boston 1895.

[2]) Wie dies besonders von Oscar Hertwig geschehen ist in seinen „Zeit- und Streitfragen der Biologie", sowie in seinen „Beiträgen zur experimentellen Morphologie und Entwicklungsgeschichte". Franz von Wagner hat den Fehler in Hertwig's Schlussfolgen bereits so vortrefflich klar gelegt, dass ich mich hier darauf be-

nicht läugnen können, dass es in einer Verschiedenheit der Keimsubstanz liegen muss, warum zwei Geschwister **erblich verschieden** ausfallen, d. h. warum irgend eine kleine erbliche Verschiedenheit zwischen ihnen besteht. Sollte nun noch eine zweite, dritte, vierte — hundertste Verschiedenheit erblicher Art zwischen ihnen vorhanden sein, deren jede auch vom Keim aus variiren kann, so muss auch im Keim etwas Zweites, Drittes. Viertes — Hundertstes verschieden sein, denn es ist nicht denkbar, dass Lebensformen, die in hundert selbstständig variabeln Punkten von einander abweichen, aus derselben Keimsubstanz entstanden sein sollten, wie solche, welche nur in zwei oder zehn oder zwanzig Punkten auseinandergehen, weil **erbliche** Charaktere nicht durch äussere Einflüsse hervorgerufen werden, welche den in Entwicklung begriffenen Organismus treffen. **Dass** aber in der That jeder complicirtere Organismus sich aus einer sehr grossen Zahl vom Keim aus selbstständig veränderbarer Theile zusammensetzt, geht nicht nur aus dem Vergleich benachbarter Arten hervor, sondern zunächst aus dem **Experiment**, wie es der Mensch als künstliche Züchtung seit lange ausübt, und dadurch **nicht selten nur einen einzelnen Theil**, der ihn gerade interessirt, verändert, z. B. die Schwanzfedern des Hahns, die Frucht der Stachelbeere, die Farbe einer einzelnen Feder oder Federgruppe u. s. w. Ein noch schärferer Beweis dafür aber liegt in der Rückbildung nutzlos gewordener Theile, da es sich hier um ganz vereinzelte Charaktere handeln

---

schränken kann, auf dessen Aufsatz: „Einige Bemerkungen zu O. Hertwig's Entwicklungstheorie" (Biolog. Centralblatt vom 1. Nov. 1895) hinzuweisen.

kann, nicht nur um den Wegfall der ganzen Organe, z. B. der Flügel bei Schmetterlingen, sondern z. B. um den **Ausfall einer kleinen rundlichen Gruppe von Schuppen** auf einem solchen Flügel, an deren Stelle dann ein sog. „Fenster" entsteht; oder um den Wegfall einer einzelnen Flügelader, oder nur eines Stückchens derselben, wie dies bei Schmetterlingen und Hymenopteren nicht selten sogar als Unterschied zwischen den Geschlechtern einer Art vorkommt.

So scheint mir die Annahme unvermeidlich, dass jede solche erbliche und zugleich selbstständige kleine Veränderung am Körper auf der Veränderung auch nur **einer** bestimmten Partie der Keimsubstanz beruhe, nicht aber, wie Spencer und seine Anhänger wollen, auf der **aller** Einheiten des Keimes. Bestände die Keimsubstanz aus lauter gleichen Einheiten, so müsste also bei jeder Veränderung auch nur **eines** Charakters **jede** dieser Einheiten genau in derselben Weise abgeändert werden. Ich sehe nicht, wie das möglich sein soll. — Oder ist die Spencer'sche Annahme etwa die einfachere? Ganz im Gegentheil, die Einfachheit dieser Annahme ist nur Schein. Während meine Theorie für jede einzelne Abänderung nur die Abänderung einer Anlage des Keimes bedarf, d. h. also **eines** Theilchens der Keimsubstanz, muss nach Spencer jedes Theilchen derselben abändern, denn sie sollen ja alle gleich sein und bleiben. Da nun aber doch alle erblichen Unterschiede, die individuellen, die Rassen- und Species-Unterschiede im Keim enthalten sein müssen, so lastet auf diesen gleichen Einheiten die Verpflichtung, eine ganz ungeheuerliche Anzahl von Verschiedenheiten an sich anbringen zu können. Dies wäre aber nur dann möglich, wenn sie ungemein complicirt zusammengesetzt wären, d. h. wenn in jedem von ihnen nahezu ebenso viele veränderbare Theilchen enthalten wären, als nach meiner Ansicht Determinanten im gesammten Keim enthalten sein müssen. **Was ich an Verschiedenheiten in den ganzen Keim hineinlege, das müssen also Jene in jede einzelne Einheit der Keimsubstanz hineinlegen.** Dies scheint mir unwiderleglich, so lange es feststeht, dass einzelne Charaktere erblich variiren können. Denn was selbstständig, d. h. für sich vom Keim aus variiren kann, **das muss dort durch irgend ein Substanztheilchen derart vertreten sein, dass dessen Veränderung keine andere Veränderung bei dem sich aus dem Keim entwickelnden Organismus setzt, als eben nur an dem von ihm abhängigen Theil.** Ich meine, auch unter der Voraussetzung von Anlagen gestaltet sich das Keimplasma schon verwickelt genug, und wir brauchen seine Verwicklung nicht noch in's Fabelhafte zu steigern. Wer aber glaubt, er könne aus einer wahrhaft einfachen Keimsubstanz einen complicirten Organismus hervorgehen lassen, der irrt, der hat die Frage noch nicht durchgedacht. Die sog. „epigenetische" Theorie mit gleichen Keimeseinheiten ist deshalb eigentlich nichts Anderes, als eine Evolutionstheorie mit unbewusster Zurückverlegung der Anlagen in die Molecüle und Atome, eine, wie mir scheint, unstatthafte Vorstellung. Eine wirkliche Epigenese aus völlig gleichartigen, nicht blos aus untereinander gleichen Einheiten ist nicht denkbar.

Man hat meiner Determinantenlehre jeden Werth abgesprochen [1]), weil sie „die Räthsel" der Entwicklung „einfach auf ein unsichtbares Gebiet hinüberspiele, auf welchem es für die Forschung überhaupt keinen Angriffspunkt gebe". Ich muss nun allerdings zugeben, dass man mit dem Auge, sei es bewaffnet oder unbewaffnet, über meine Determinanten keine Kunde erlangen kann; glücklicher Weise aber gibt es im Menschen noch ein Organ, mit welchem er im Stande ist, den Räthseln der Natur nachzuspüren, und dieses Organ — man nennt es das Gehirn — hat ihn schon manchmal unsichtbare Annahmen machen lassen, die doch nicht immer sich deshalb auch schon als „unfruchtbar" für die Forschung erwiesen haben, so z. B. die Atome und Moleküle. Wahrscheinlich werden auch die „Biophoren" dahin gehören, sollten auch wirklich die Determinanten zu gänzlicher Unfruchtbarkeit verurtheilt sein. Ich habe übrigens bisher immer geglaubt, dass solche Annahmen auch dann schon fruchtbar wirken, wenn sie nur im Stande sind, gewissermaassen wie eine Formel verwendet zu werden, mit der man einstweilen einmal rechnet, unbekümmert für jetzt, wie sie sich später etwa einmal auflösen wird. In dieser Art aber haben die Determinanten schon fruchtbar gewirkt, wenn ich nicht irre, wie ihre Anwendung auf verschiedene biologische Probleme gezeigt hat. Oder ist es kein Fortschritt, wenn wir die Spaltung einer Lebensform in zwei und mehrere distinkt sich weiter verändernde und doch immer wieder in sich zurückkehrende Formen, ich meine den Di- und Polymorphismus auf die Formel von männlichen, weiblichen und Arbeiter-Deter-

---

[1]) Oscar Hertwig, „Zeit- und Streitfragen der Biologie". Jena 1894.

minanten zurückführen können? Nun wird es doch vorstellbar, wie diese verschiedenartigen, bis in's Einzelste gehenden Anpassungen nebeneinander an demselben Keimplasma ablaufen konnten, geleitet durch Selection, wie sich sterile Formen erblich feststellen und so ummodeln konnten, wie es für ihre speciellen Leistungen am zweckmässigsten war, wie sie sich weiterhin unter Umständen selbst wieder in zwei oder selbst drei neue Formen spalten konnten. Nun muss doch wenigstens die unklare Vorstellung vom adaptiv umgestaltenden Einfluſs der Nahrung aufhören. Allerdings auf die letzte Wurzel der Erscheinungen kommen wir damit noch nicht, und die Heissssporne der Biologie[1], welche gleich zu wissen verlangen, wie die Moleküle sich benehmen, werden ihre Unzufriedenheit mit solchen vorläufigen Erkenntnissen nicht zurückhalten. Sie vergessen eben, dass alle unsere Erkenntniss vorläufig ist und bleibt.

Ich will aber auf die Frage, ob Epigenese, ob Evolution die richtige Grundlage der Entwicklungslehre bildet, hier

---

[1] Auch Diejenigen nicht, die den Nachweis verlangen, „wie in jedem Falle die Biophoren und Determinanten beschaffen und in der Architectur des Keimplasma angeordnet sein müssen" (O. Hertwig, a. a. O. p. 137). Als ob irgend Einer der Lebenden sich erdreisten könnte, die wirklichen letzten Vorgänge bei der Entwicklung und Vererbung errathen zu wollen. Es kann sich doch nur um Symbole handeln, so gut wie bei „Kräften", „Atomen", „Aetherwellen" u. s. w., nur dass wir in der Biologie viel früher auf das Unbekannte stossen, als in der Physik. Habe ich doch selbst in dem Vorwort zu meiner Vererbungstheorie gesagt, dass der „Werth einer solchen wesentlich darin liegt, ein heuristisches Princip zu sein" („Keimplasma" p. XI). Wir streben, uns der Erkenntniss der Wirklichkeit zu nähern, aber „die wahre und vollkommene Theorie kann nur aus unvollkommenen Anfängen hervorgehen; diese bilden die Stufen, welche zu jener emporführen".

nicht noch weiter eingehen und begnüge mich damit, gezeigt zu haben, einmal, dass es Täuschung ist, wenn man glaubt, Epigenese gestatte eine einfachere Structur des Keims; es verhält sich umgekehrt, und zweitens, dass es Erscheinungen gibt, die nur von einer Evolutionstheorie aus verstanden werden können. Eine solche ist die heute betrachtete **Richtung der Variation durch die Nützlichkeit.** Denn ohne Keimes-Anlagen, nenne man sie nun mit mir Determinanten oder anders, ist eine **Germinal-Selection**, ein Richten der Variation durch Personal-Selection nicht möglich; denn wo alle Einheiten gleich sind, kann kein Kampf stattfinden mit Bevorzugung des Besseren. Und doch besteht ein solches **Richten der Variation** und verlangt eine Erklärung, und die früheren Annahmen einer „bestimmt gerichteten Variation", wie sie **Nägeli** und **Askenasy** machten, genügen nicht, weil sie nur **innere Kräfte** derselben zu Grunde legten, und weil doch — wie ich zu zeigen versuchte — das Zusammenstimmen der Variationsrichtung mit den Ansprüchen der Lebensbedingungen besteht und das Räthsel darstellt, welches zu lösen ist. **Der Grad der Zweckmässigkeit selbst, den ein Theil besitzt, ruft dessen Variationsrichtung hervor.**

Dieser Satz aber scheint mir die ganze Selectionslehre erst abzuschliessen und ihr den Grad von innerer Vollendung und Abrundung zu geben, den sie den mannigfachen Zweifeln gegenüber bedarf, welche sich von allen Seiten her wie drohende Gewitterwolken gegen sie erhoben haben. Sobald die Variation durch die Zweckmässigkeit selbst wesentlich, wenn auch nicht allein bestimmt wird, dann fallen alle diese Bedenken. Eines allerdings nicht: dasjenige von der **Nützlichkeit der Anfangsstufen**; gerade dieses ist aber auch das mindest Schwerwiegende. Gewiss muss die Theorie verlangen, dass schon die Anfangsstufen einer Variation Selectionswerth haben, sonst kann eine Personal-Selection nicht eintreten und damit auch keine Germinal-Selection. Da wir aber, wie ich früher einmal hervorhob, **in keinem Falle über den Selectionswerth einer Abänderung ein Urtheil haben oder eine Erfahrung machen können**, so ist die Annahme, dass in einem bestimmten Falle von Umwandlung eines Charakters die ersten Anfangsstufen der Variation Selectionswerth hatten, nicht nur ebenso wahrscheinlich als das entgegengesetzte, dass sie keinen hatte, sondern **sie ist unendlich viel wahrscheinlicher**, weil wir mit dieser Annahme die räthselvolle Thatsache der Anpassung verständlich machen können, mit jener aber nicht. Wenn wir also nicht geradezu auf jede Erklärung verzichten wollen, so sind wir zu der Annahme gezwungen, dass die Anfangsstufen aller thatsächlich stattgehabten Anpassungen Selectionswerth hatten[1]).

Der Haupt- und Fundamental-Einwurf, dass Selection die Variationen, mit welchen sie arbeite, nicht schaffen könne, ist durch die Einsicht, dass eine Germinal-Selection besteht, beseitigt. Naturzüchtung braucht nicht zu warten, bis „der Zufall" ihr günstige Variationen einmal darbietet, sondern wenn nur überhaupt die Grundlage für günstige Variationen in der umzugestaltenden Art vorhanden ist, d. h. wenn in der Anlage des abzuändernden Theils Bestandtheile enthalten sind, welche durch Abänderung ihres numerischen Verhältnisses günstige Variationen möglich machen, dann **müssen** dieselben eintreten, weil quantitative

---

[1]) Vergleiche Zusatz 6 des Anhanges.

Schwankungen immer vorkommen, und sie **müssen** sich steigern, sobald Personal-Selection eingriff und dauernd die schützende Hand über sie hält[1]). Damit ist nicht nur die wunderbare **Sicherheit und Genauigkeit**, womit Anpassung in so unzähligen Einzelfällen gearbeitet hat, dem Verständniss zugänglich gemacht, sondern vor Allem die **Gleichzeitigkeit** zahlreicher und ganz differenter Abänderungen der verschiedensten, zu einer Gesammtleistung zusammenwirkenden Theile, wie wir sie so häufig z. B. in der gleichzeitigen Entstehung von Instincten und von schützenden Aehnlichkeiten auftreten sehen, oder bei der harmonischen und gleichzeitigen Steigerung zweier zusammenwirkenden, aber selbstständigen Organe, wie etwa des Auges und des Sehcentrums oder des Nerven und des Muskels u. s. w. Das „geheime Gesetz", von welchem Wolff einmal vorahnend spricht in seiner Kritik der Selection, ist nichts Anderes, als Germinal-Selection. Sie ist es, welche bewirkt, dass die nöthigen Variationen immer da sind, dass symmetrische Theile, z. B. die beiden Augen, meist gleich variiren, unter Umständen aber auch ungleich, wie die beiden Gesichtshälften der Schollen, dass homodyname Theile, z. B. die Gliedmaassen-Paare der Arthropoden, zwar häufig gleich variirt haben, nicht selten aber, und ganz dem Bedürfniss entsprechend, auch ungleich; sie bewirkt auch, dass umgekehrt Arten von ganz ungleicher Anlage gelegentlich gleich variiren, wie die Mimicry-Fälle es uns lehren, und so zahlreiche andere Fälle von Convergenz. Sobald die Nützlichkeit selbst einen bestimmenden Einfluss auf die Variationsrichtung ausübt, verstehen wir

---

[1]) Vergleiche Zusatz 7 des Anhanges.

dies Alles und noch vieles Andere, was bisher als ein Stein des Anstosses für die Selectionslehre gegolten hat und was auch in der That eine für den Augenblick nicht überwindbare Schwierigkeit darstellte; so das gleichsinnige Variiren zahlreich vorhandener ähnlicher Theile, wie es z. B. bei der Entstehung der Federn aus Reptilienschuppen stattgefunden haben muss. Die Nützlichkeit lag eben hier nicht in der Umbildung **einer** oder der andern, sondern in der **aller** Schuppen — so wurde also auch die Variationsrichtung **aller** Schuppen gleichzeitig in dieselbe Richtung hineingedrängt. Ein grosser Theil der Einwürfe gegen die Selectionstheorie, wie sie von den schärfsten Kritikern, so von Wigand und in neuester Zeit besonders von Wolff[1]) vorgebracht wurden, finden vom Boden der Germinal-Selection aus ihre Widerlegung. Das Princip reicht eben genau so weit, als Nützlichkeit reicht, denn es schafft nicht nur die Variationsrichtung für jedes von den Umständen geforderte „Grösser" oder „Kleiner", sondern auch jede durch Quantitätsänderungen erreichbare **qualitative** Variationsrichtung, soweit sie für den betreffenden Organismus überhaupt möglich ist.

Nimmt man noch den gegentheiligen Process hinzu, das Herabsinken zweckloser Theile durch Aufhören der Begünstigung der normalen Beschaffenheit des Theiles von Seiten der Personal-Selection, so wird das ganze verwickelte System von Abänderungen, aufsteigenden und absteigenden, klar, welches die meisten Umgestaltungen einer Lebensform ausmacht, und wir begreifen, wie gleichzeitig die **vordere**

---

[1]) „Beiträge zur Kritik der Darwin'schen Lehre", Biol. Centralblatt 1890, Bd. X, p. 449.

Extremität eines Säugers sich zur Flosse umbilden, die hintere rudimentär werden konnte, oder wie ein oder zwei Zehen bei den Hufthieren sich stets stärker und stärker auszubilden vermochten, während die andern ebenso allmälig schwächer wurden, um schliesslich ganz aus dem Keim der meisten Individuen der Art zu verschwinden.

Vielleicht werden doch Einige von den Vielen, besonders unter den Paläontologen, welche bisher das Princip Lamarck's für unentbehrlich zur Erklärung der Erscheinungen hielten, sich der Einsicht nicht verschliessen, dass Germinal-Selection für das Verständniss der beobachteten Umwandlungen, besonders auch der Verkümmerung überflüssiger Theile dasselbe leistet, was eine Vererbung erworbener Eigenschaften leisten könnte, ohne dass man doch eine so gewaltsame Annahme zu machen braucht. Ich habe immer anerkannt, dass zahlreiche Umwandlungen in der That genau parallel gehen dem Gebrauch und Nichtgebrauch der Theile[1]), dass es also dann wirklich ganz so aussieht, als ob functionelle Errungenschaften des Einzellebens erblich wären. Wenn wir nun aber finden, dass auch **passiv functionirende, im Einzelleben also durch die Function nicht veränderbare Theile** denselben Gesetzen folgen und verkümmern, wenn sie zwecklos werden, so werden wir einer Auffassung die Zustimmung kaum verweigern können, welche beide Fälle erklärt. Die physiologische Function kann es doch nicht sein, welche Ab-

---

[1]) Poulton hat darauf hingewiesen, dass dies doch nicht überall der Fall ist, so z. B. nicht bei den Zähnen, deren Gestalt man auch auf die mechanische Wirkung von Druck und Reibung zurückzuführen versucht hatte. S. „Theories of Evolution", Proceed. Boston Soc. Nat. Hist. 1894, Vol. XXVI, p. 389.

änderungen des Individuums hervorruft, die sich dann dem Keim nachträglich mittheilen und so erblich werden, wenn auch functionslose Theile ebenso abändern, falls sie nutzlos werden. So ist es also eben diese Nutzlosigkeit, welche den Anstoss gibt, und die primäre Abänderung liegt nicht im Soma, sondern im Keim. Die Lamarckianer waren im Recht, wenn sie behaupteten, das, was man bisher als Naturzüchtung allein bezeichnete, die Selection der Personen, reiche nicht aus zur Erklärung der Erscheinungen; sie waren auch im Recht, wenn sie Panmixie, so wie ich sie bisher gefasst hatte, nicht für eine ausreichende Erklärung des Verkümmerns nutzlos gewordener Theile hielten, aber sie irrten, wenn sie den Selectionsprocessen, welche sich zwischen den Theilen des Körpers abspielen (Wilhelm Roux) und welche als Erfolg der Functionirung mit Recht betrachtet werden, erbliche Wirkungen zuschrieben. Sie thaten dies auch, wie sie selbst zugaben, nicht, weil die Vererbungsthatsachen dies klar und bestimmt erheischt hätten, sondern weil sie keine andere Möglichkeit der Erklärung für viele Umwandlungs-Erscheinungen sahen. Ich möchte fast der Hoffnung mich hingeben, dass jetzt, nachdem eine andere Erklärung gefunden, eine Versöhnung und Vereinigung der widerstreitenden Meinungen nicht mehr allzu fern sein möchte, und dass wir dann auf der neu gewonnenen Basis gemeinsam weiterbauen könnten.

Wie sehr die Uebertragung des Malthus'schen Princips auf die lebende Natur gerechtfertigt war, das lässt sich von dem jetzt gewonnenen Standpunkte klar erkennen. Der ganze Process der Entwicklung der Lebensformen wird von diesem Princip geleitet. Kampf um's Dasein, d. h. um Nahrung und Fortpflanzung findet eben auf allen Stufen des Lebens statt, zwischen allen Graden von Einheiten, die da vorkommen, von den nur erschlossenen Biophoren an bis zu den der Beobachtung schon zugänglichen Elementen, den Zellen und höher hinauf den Individuen und Stöcken. Auf allen den Stufen der Lebens-Einheiten, welche zwischen den Extremen der Biophoren und der Stöcke liegen, müssen deshalb die Veränderungen durch Selectionsvorgänge geleitet werden; diese beherrschen also jede irgendwie bedeutsame Veränderung der Lebensformen und bewirken, dass diese sich den Lebensbedingungen anschmiegen wie weiches Wachs der Form und die verschiedenen Stufen derselben, wie sie sich zwischen den verschiedenen Graden von Lebens-Einheiten abspielen, greifen bei allen nicht ganz einfachen Organismen unausgesetzt ineinander. Die drei Hauptauslese-Stufen: die der Personal-Auslese[1]), wie sie Darwin und Wallace aufstellten, die der Histonal-Auslese, wie sie von Wilhelm Roux nachgewiesen wurde, als der „Kampf der Theile", und schliesslich diejenige der Germinal-Auslese, deren Vorhandensein ich hier aufzuzeigen ver-

---

[1]) Man wird als höchste Stufe der Auslese-Processe die zwischen den höchsten Lebens-Einheiten, den Stöcken oder Cormen anzusehen haben, die sich indessen nicht wesentlich von der Personal-Auslese unterscheidet; die Personen werden dabei die Rolle spielen, welche die Organe im Auslese-Process der Personen spielen; sie werden, wie jene, miteinander um die Nahrung kämpfen und dadurch die Harmonie im Stock herstellen. Das Resultat dieses Kampfes hat aber nur Dauer für den einzelnen Stock und kann so wenig durch die Keimzellen auf die folgende Generation übertragen werden, als die histologischen, durch Uebung hervorgerufenen Veränderungen der einzelnen Person. Nur was vom Keim ausgeht, hat Bestand.

suchte, sie sind es, welche zusammenwirken, um die Lebensformen stets lebensfähig zu erhalten, sie den Lebensbedingungen anzupassen, bald sie abändernd pari passu mit den Lebensbedingungen, bald sie auf der erreichten Stufe festhaltend, wenn jene sich gleichbleiben.

Alles ist zweckmässig in der lebenden Natur[1]) und ist es vom ersten Anfang des Lebens an so gewesen, denn Zweckmässigkeit der Organisation ist hier gleich Existenzfähigkeit, und existenzfähig sind eben die allein gewesen, welche dauernd existirt haben. — **Wir kennen nur ein natürliches Erklärungsprincip für diese Thatsache, das der Selection, der Auslese des Existenzfähigen aus dem Entstehungsfähigen.** Gibt es überhaupt eine Lösung des von früheren Geschlechtern für unlösbar gehaltenen Räthsels der Zweckmässigkeit, dann kann sie nur mittelst dieses Princips der Selbstregulirung des Entstehenden erreicht werden, und wir sollten deshalb nicht bei den ersten Schwierigkeiten, die sich seiner Anwendung entgegenstellen, die Flinte in's Korn werfen, sondern zusehen, ob die scheinbaren Mängel dieses einzigen Erklärungsprincips nicht in der Unvoll-

---

[1]) Man wird mir die rudimentären Organe vielleicht als unzweckmässig entgegenhalten, allein Zweckmässigkeit ist niemals absolut, sondern immer bedingt, d. h. nicht grösser, als es die Umstände, äussere und innere, erlauben. So kann auch ein Organ nur sehr langsam schwinden, wenn es überflüssig geworden ist, das hindert aber nicht, jede Stufe seiner Rückbildung als zweckmässig gegenüber der vorhergehenden zu erkennen. Dass es „Charaktere" gibt, deren Zweckmässigkeit darin besteht, dass sie nothwendige Begleiterscheinungen direct erkennbarer Zweckmässigkeiten sind, z. B. die rothe Farbe des Blutes u. s. w. u. s. w., hebt die Richtigkeit des obigen Satzes nicht auf.

kommenheit unserer Anwendung desselben ihren Grund haben.

Wenn ich nicht irre, so verhielt es sich in diesem Falle so; wir waren auf halbem Wege stehen geblieben; wir hatten das Princip angewandt, aber nur auf einen Theil der in der Natur miteinander ringenden Einheiten. Führen wir es durch, so gelangen wir zu befriedigender Einsicht. Selection der Personen allein genügt nicht zur Erklärung der Erscheinungen, Germinal-Selection muss hinzugenommen werden. Sie ist die letzte Consequenz der Anwendung des Malthus'schen Princips auf die lebende Natur. Wohl führt sie uns auf einen Boden, den wir nicht mehr direct mittelst unserer Tastwerkzeuge und Augen untersuchen können, aber sie hat das gemein mit allen letzten Schlüssen der Naturwissenschaft auch auf anorganischem Gebiet, sie führen alle zuletzt auf hypothetischen Boden. Wollen wir diesen nicht betreten, so bleibt Nichts übrig, als auf eine Erklärung der Zweckmässigkeit des Lebenden überhaupt zu verzichten, ein Verzicht, der wohl kaum zu rechtfertigen wäre, wenn wir bedenken, dass auf der andern Seite in der That eine reiche und umfassende Einsicht nicht nur in die Anpassung der einzelnen Lebensform an ihre Bedingungen, sondern auch in die Ausgestaltung der Lebewelt als eines Ganzen im Princip wenigstens geboten wird: die Mannigfaltigkeit der Organismenwelt, ihre Umgestaltung durch Anpassung an neue, durch Rückanpassung an die alten Bedingungen, die Ungleichheit der systematischen Gruppen, die Erreichung gleicher Leistungen auf ungleichem Wege, weil entstanden von ungleicher Organisation aus, und tausenderlei Anderes tritt uns bis zu einem gewissen Punkt verständlich gegenüber, während es ohne dies todte Thatsache bliebe.

So scheint auch dieses Mal der Zweifel der Vater des Fortschritts gewesen zu sein. Denn der Gedanke der Germinal-Selection wurzelt in der Nothwendigkeit, etwas Anderes an die Stelle des Lamarck'schen Princips zu setzen, nachdem dasselbe als nicht ausreichend erkannt war. Wohl schien dasselbe eine bequeme Erklärung vieler Erscheinungen zu bieten; aber andere standen in offenbarem Widerspruch mit ihm, und so musste gerade da der Hebel angesetzt werden, wollte man tiefer eindringen. Denn gerade die Stellen, wo die bisherigen Anschauungen mit Thatsachen in Widerspruch gerathen, sind es, an welchen die Zauberruthe des Quellensuchers dreimal niederschlägt; dort liegen die verborgenen Wasser der Erkenntniss in der Tiefe und springen als artesischer Brunnen hervor, wenn nur der Bohrer unverdrossen in die Tiefe hinabgetrieben wird.

Anhang.

Zusatz I: Verwerfung der Selection.

So hat schon Semper[1]) in seinen „Existenzbedingungen der Thiere" 1880, p. 218 und 219, bestritten, dass Selection ein Organ hervorbringen könnte, das Organ müsse vielmehr erst dagewesen sein, ehe Selection dasselbe steigern und weiterbilden könnte. Unter den Neueren hat sich besonders Wolff[2]), durch die Entschiedenheit, mit welcher er sich der „Aufgabe" widmete, „das Dogma der Selectionstheorie zu beseitigen" hervorgethan (Biolog. Centralblatt v. 1. Sept. 1894, p. 609). Auch Henry B. Orr[3]) hält Selection nicht für die wirkliche Ursache des Besseren; sie ist ihm eine Schranke des Fortschritts in gewisser Richtung, aber nicht eine den Fortschritt hervorrufende Ursache. Auch Yves Delâge[4]) in

---

[1]) Semper, „Die natürlichen Existenzbedingungen der Thiere", Leipzig 1880, p. 218 und 219.

[2]) Wolff, „Beiträge zur Kritik der Darwin'schen Lehre", Biolog. Centralblatt, Bd. X, vom 15. Sept. 1890, und „Bemerkungen zum Darwinismus mit einem experimentellen Beitrag zur Physiologie der Entwicklung", Biolog. Centralblatt, Bd. XIV, vom 1. September 1894.

[3]) Henry B. Orr, „A theory of development and heredity". New York 1893.

[4]) Yves Delâge, „La structure du protoplasma et les théories sur l'hérédité et les grands problèmes de la biologie générale". Paris 1895.

seinem kürzlich erschienenen grossen und in vieler Beziehung ausgezeichneten Werk hält Naturzüchtung nur für ein untergeordnetes Princip, welches unfähig ist, die Arten zu bilden (p. 391), obgleich er ihm eine gewisse Rolle zugesteht und sie sogar „un principe admirable et parfaitement juste" nennt (p. 371). Ausgesprochener Gegner jeder Selection, als artbildendem Princip, ist u. A. noch Henslow[1]), von dessen Ansichten in Zusatz 7 noch die Rede sein wird.

Schliesslich sei auch noch Th. Eimer's als eines erbitterten Feindes der Selectionstheorie gedacht. Ob man ihn freilich einen „Gegner" im wissenschaftlichen Sinne nennen kann, mögen Andere entscheiden. Mir scheint das blinde Poltern des Tübinger Professors nur immer dieselben unbewiesenen Behauptungen zu wiederholen, durchsetzt mit lauten Anpreisungen der eignen Grossthaten und widrigem Gezänk gegenüber Jedem, der dieselben nicht ganz so hoch würdigt, wie ihr Urheber[2]).

Wie unsicher aber selbst bei erklärten Anhängern der

---

[1]) Rev. Henslow, „The origin of species without the aid of natural selection", eine Erwiderung an Wallace. 1894.

[2]) Sollte Jemand diese Worte zu hart finden, so lese er die höhnische Abfertigung, welche Eimer dem unglücklichen Erich Haase zu Theil werden lässt, weil er seinen Aufstellungen in mehreren Punkten entgegengetreten war. Bekanntlich ist Haase dem Tropenklima erlegen, eben nachdem er die Stellung eines Directors der naturwissenschaftlichen Sammlungen in Bangkok aufgegeben hatte, um nach Deutschland zurückzukehren und die Früchte seines tropischen Aufenthaltes zu verarbeiten. Dieses unglückliche Ende des begabten und um die Wissenschaft verdienten Mannes hat den Zorn Herrn Eimer's über seinen Widerspruch nicht zu mildern vermocht; auf zwanzig Druckseiten kauzelt er ihn in persönlichster und hämischster Weise ab, um dann fortzufahren: „Inzwischen ist Herr Haase gestorben. Ich bin mir aber schuldig, Vorstehendes trotzdem zu veröffentlichen, um....." u. s. w. Wer sich für die Entschuldigungs-Motive Herrn Eimer's interessirt, kann sie in seinem Buch „Artbildung und Verwandtschaft bei den Schmetterlingen" Theil II, p. 66 finden.

Selectionstheorie die Werthschätzung derselben noch in neuester Zeit ist, das zeigen sehr gut einige Aussprüche Emery's[1]), wenn er z. B. sagt: „Einige Schüler Darwin's sind viel weiter gegangen als der Meister, indem sie in der natürlichen Zuchtwahl den allgemeinen und alleinigen richtenden Factor der Variationen erblicken. So entstand natürlich eine Reaction, besonders von Seiten Solcher, welche die Evolution wohl annehmen, von der natürlichen Zuchtwahl, oder, wie sie sagen, vom Darwinismus Nichts wissen wollen." Emery bekennt sich dann als Darwinisten, aber nicht im Sinne Wallace's und „anderer Mitarbeiter und Schüler Darwin's". Ihm ist „die Naturauslese ein hochbedeutender Factor der Evolution, welcher in der Bestimmung der Variationsrichtungen die höchste Rolle spielt; sie ist aber bei weitem nicht der einzige und vielleicht sogar nicht der wirksamste". — Also nicht der wirksamste? und spielt doch die höchste Rolle!

Zusatz 2: Chemische Selection.

Wenn wir überhaupt die Anpassung auf Selection beziehen, so müssen wir auch die organischen Verbindungen, welche die verschiedenen Gewebe des Körpers bilden, und die unter dem Collectivnamen: Muskel-, Nerven-, Drüsensubstanz u. s. w. gehen, in ihrer Entstehung auf diese Quelle zurückführen. Lloyd Morgan vergleicht sehr hübsch die Lebensprocesse mit der periodischen Bildung und Verpuffung von Explosivstoffen[2]). Labile Verbindungen werden durch den Eintritt eines Reizes plötzlich in einfachere, stabilere zerlegt; sie zerfallen und veranlassen dabei das, was wir die Function des betreffenden Theiles nennen, z. B. gewisse Formveränderungen (Muskelcontractionen), oder die Abscheidung der Zerfallproducte als Secret u. s. w.

---

[1]) „Gedanken zur Descendenz- und Vererbungstheorie." Biolog. Centralblatt vom 15. Juli 1893.

[2]) Lloyd Morgan, „Animal Life and Intelligence", London 1890—1891, p. 30—33.

Wie hätten nun solche, den Bedürfnissen des Lebens genau
entsprechende chemische Labil-Verbindungen in so wunder-
barer Vollkommenheit entstehen können, wenn nicht stets
die nützlichen Variationen den rastlos arbeitenden Selectionsprocessen sich dargeboten hätten? wenn die immer höher sich
steigernde Anpassung an immer präciser arbeitenden physiologischen Substanzen auf „zufällige" Variationen angewiesen
gewesen wären? Also nicht nur in Bezug auf die „Form"
der Organe, sondern auch in Bezug auf die Zusammensetzung
ihrer Stoffe in chemisch-physiologischer Hinsicht werden wir
auf die stete Anwesenheit der zweckmässigen Variationen ver-
wiesen.

Zusatz 3: Variation und Mutation.

An demselben Tage, an welchem der vorliegende Vortrag
zu Leiden auf dem internationalen Zoologen-Congress gehalten wurde, sprach dort Herr W. B. Scott, Professor der
Geologie am Princeton College in New-Jersey, in einem höchst
interessanten Vortrag über die tertiären Säugethiere Nord-
amerikas, und bekannte sich, ohne noch meinen Vortrag
zu kennen, ganz in dem oben angeführten Sinne zu der
Ansicht, die gewöhnlichen individuellen Variationen könnten es nicht sein, welche die phyletische Entwicklung bewirkten, man müsse daneben noch phyletische Variationen anerkennen. Er hat diesem Gedanken
schon früher Ausdruck gegeben, so in dem Artikel „On
variations and mutations"[1]), in welchem er nach dem Vorgang
von Waagen und Neumayr die unbeständigen, hin- und
herflackernden Variationen, welche die Bildung der gleichzeitig
neben einander vorkommenden „Varietäten" veranlassen
sollen (?), scharf scheidet von den „Mutationen", den zeit-
lichen, aus einander hervorwachsenden Variationen einer
Stammform, welche die Stadien phyletischer Entwicklung bilden.
Die Thatsachen, auf welche diese Ansicht sich stützt, sind die
im Texte schon angedeuteten, die „Zielstrebigkeit" der be-

---

[1]) American Journal of Science, Vol. XLVIII, Nov. 1894.

obachtbaren paläontologischen Entwicklung, um mit K. E. von Bär zu reden, das gerade Drauflosgehen der Veränderungen auf ein fernliegendes „Ziel" ohne Hin- und Herschwanken. „The direct, unswerving way in which development proceeds, however slowly, is not suggestive of many trials and failures in all directions save one." Und weiter: „The march of transformation is the resultant of forces both internal and external which operate in a d e f i n i t e m a n n e r upon a changeable organism and similarly affect l a r g e n u m b e r s of i n d i v i d u a l s."

Die zwei Punkte, welche ich hier gesperrt drucken liess, sind es, welche in der That die phylogenetische von der gewöhnlichen individuellen Variation scheiden: die bestimmte, immer in ähnlicher Weise sich wiederholende A r t d e r V e r ä n d e r u n g, und das Auftreten derselben bei einer g r o s s e n A n z a h l v o n I n d i v i d u e n.

Beides ist aber nicht nur ein Resultat der Beobachtung, wie es sich aus den paläontologischen Daten ableiten lässt, sondern zugleich eine C o n s e q u e n z d e r S e l e c t i o n s t h e o r i e, wie im Text gezeigt wurde. Wenn die bisherige Form der letzteren dieser Forderung nicht zu genügen im Stande war, so ist sie doch sehr wohl dazu im Stande, sobald wir Germinal-Selection hinzunehmen, und es ist keineswegs nöthig, einen W e s e n s - Unterschied zwischen phylogenetischen und ontogenetischen Variationen anzunehmen. B a t e s o n und S c o t t irren, wenn sie glauben, dass ich ihnen mit der „Allmacht der Naturzüchtung" einen Verzicht auf ihre Vernunft zumuthe („asks us to abrogate reason"). Im Gegentheil scheint mir nun die Theorie so genau mit dem zu stimmen, was an Thatsachen vorliegt, dass wir die letzteren geradezu aus der Theorie construiren könnten. Wie sollte es denn anders sein, als es ist, wenn Selection die nützlichen Variationen allein begünstigt und aus der Schaar der übrigen dadurch hervorhebt, dass sie sie von Generation zu Generation in immer stärkerer Ausprägung, d. h. Steigerung, und in immer zahlreicheren Individuen hervorruft? Schon die blosse Verschiebung des Nullpunkts der nützlichen Variation muss diese Wirkung haben, und um so mehr, wenn sie durch Germinal-Selection unterstützt wird. Woher sollten grosse, d. h. bemerkbare Schwankungen auf der phyletischen Entwicklungsbahn überhaupt kommen, wenn in jeder Generation eine grosse Zahl von Individuen die nützlichen, d. h. phyletischen Variationen besitzt? Ohnehin ist ja der Voraussetzung nach der Unterschied zwischen den nützlichen und minder nützlichen Variationen nur einer des Grades, und zwar ein geringer.

Ich sehe deshalb keinen Grund, zweierlei in Bezug auf ihren Ursprung verschiedene erbliche Variationen anzunehmen, wie es Scott und die andern genannten Paläontologen, wenn auch mit aller Vorsicht, in's Auge gefasst haben. Ich meine, es gibt nur eine Art des Variirens vom Keim aus, wohl aber spielen diese Keimesvariationen eine sehr verschiedene Rolle, je nachdem sie auf dem Wege zweckmässiger Umgestaltung der Art liegen und deshalb von Germinal-Selection begünstigt werden oder nicht. Nur ein verhältnissmässig kleiner Theil der zahllosen individuellen Variationen wird auf der Bahn des phyletischen Fortschritts liegen und durch Germinal-Selection gerichtet die Weiterentwicklung leiten, und somit könnte man zwar wohl stetige, bestimmt gerichtete Individual-Variationen von solchen unterscheiden, welche regellos im Laufe der Generationen hin- und herschwanken. Ihrem Ursprung nach aber sind sie beide gleich, tragen auch nichts an sich, was sie von einander unterschiede, und erst der Erfolg, d. h. die im Laufe der Zeit zu Stande kommende phyletische Abänderung lässt sie als „phyletische" oder als schwankende Variationen erkennen. Das unsichere „Hin- und Herschwanken" auf der Entwicklungsbahn, wie es die Geologen bisher nach der Selectionstheorie erwarten zu müssen glaubten und doch in den Thatsachen nicht wiederfinden konnten, kann jedenfalls aus der durch Germinal-Selection vervollständigten Selections-theorie nicht mehr abgeleitet werden, und es scheint mir kein Grund mehr vorzuliegen, die „variations" dem Zusammenwirken wechselnder Vererbungs-Tendenzen zuzuschreiben, die „mutations" aber der Wirkung „of dynamical agencies acting long in a uniform way and the results controlled by natural selection".

Die schon von den griechischen Philosophen gefundene Idee von den Tausenden unzweckmässiger Bildungen, welche die Natur hervorbringt neben den zweckmässigen und die alle als existenz-unfähig wieder untergehen müssen, ist in ihrem letzten Kern zwar sicherlich richtig, muss aber doch in einer erheblich verfeinerteren Weise aufgefasst werden, nicht nur als es Empedocles that, sondern auch als es viele der heute lebenden Naturforscher zu thun geneigt sind. Dass die Natur nicht Augen, Ohren, Arme, Beine und Rümpfe allein und für sich hervorbrachte und dann zusammensetzen liess, wie sie sich gerade nach dem Spiel der Grundkräfte (Liebe und Hass) zusammenfügten, um nachher die Monstra dem Untergang zu überlassen, und nur den harmonischen Zusammensetzungen Dauer zu gewähren, das wissen wir; aber ein schwacher Nachklang davon in schon unendlich feinerer Form allerdings ist es doch, wenn heute gefragt wird, wo denn alle die unzweckmässigen und deshalb im Kampf um's Dasein zu Grunde gegangenen Individuen abgelagert seien, die bei der Entwicklung durch Selection abgestossen wurden? wo denn z. B. die fossilen Reste der verworfenen Individuen der Pferde-Geschichte seien, man müsste sie doch in viel grösserer Menge finden, als die auf der Bahn des Fortschritts liegenden, die ja der Voraussetzung nach in jeder Generation bedeutend in der Minderzahl waren! — Ja freilich, wenn wir so scharfsichtig wären, um die kleinen Unterschiede in ihrem Werth für das Leben taxiren zu können, welche die „besseren" von den „schlechteren" Individuen einer Generation unterscheiden. Aber das können wir höchstens bei den von uns selbst geleiteten künstlichen Züchtungsprocessen an Tauben und Hühnern und auch da nur schwer und nur in Bezug auf ein einziges Merkmal zugleich, nicht aber bei irgend einer heute lebenden Art im Naturzustand. Und nun gar bei den spärlichen Knochenresten vorzeitlicher Arten, bei denen auch die reichsten Fundstätten doch niemals auch nur entfernt die Individuenzahl der

Untersuchung darbietet, wie sie etwa in **einer** Generation gleichzeitig auf dem Wohngebiet gelebt hat. Wenn die Unterschiede zwischen „besser" und „schlechter" in **einer** Generation so gross wären, dass sie für uns an fossilen Knochen sofort als solche in's Auge fielen, dann müsste die Entwicklung der Arten mit solcher Schnelligkeit sich abspielen, dass wir sie an den lebenden Arten direct beobachten könnten.

Zusatz 4: Historisches in Bezug auf bestimmt gerichtete Variationen.

Es ist merkwürdig, dass der hier unternommene Versuch, den Selectionsprocess auf die Elemente der Keimsubstanz (des Idioplasmas) anzuwenden und dadurch eine zwar bestimmt gerichtete, aber nicht blinde, sondern in der Richtung des Zweckmässigen vorschreitende Variation zu gewinnen, nicht schon längst von einem der Vielen gemacht worden ist, welche über Selection und Entwicklung denken und schreiben.

Hindeutungen auf einen Zusammenhang der Variationsrichtung mit dem Selectionsprocess sind indessen vorhanden, ohne dass sie bis jetzt beachtet oder weiter verfolgt worden wären. Zwei derartige Aeusserungen habe ich wenigstens aufzufinden vermocht, ohne indessen bestreiten zu wollen, dass vielleicht deren noch mehr in der Literatur verborgen liegen. Die eine davon ist schon alt und rührt von Fritz Müller her. Sie wurde von dessen zu früh der Wissenschaft entrissenen Bruder Hermann als „nachträgliche Bemerkung" seinem Buche „Die Befruchtung der Blumen durch Insecten" (1873) angehängt, datirt vom 24. November 1872. Es heisst dort: „Mein Bruder Fritz Müller theilt mir in einem Briefe, der erst in meine Hände gelangte, als der Druck des vorliegenden Werkes fast beendet war, folgendes von ihm entdeckte Gesetz mit, welches die Erklärung der Ausprägung scharf unterschiedener Arten durch natürliche Auslese wesentlich erleichtert: „Sobald bei einer veränderlichen Art eine Auswahl in bestimmter Richtung stattfindet, wird in Folge der

Auswahl, ganz abgesehen von äusseren Verhältnissen, ein Fortschreiten der Abänderung in derselben Richtung von Generation zu Generation eintreten. Dadurch wird natürlich die Umwandlung in neue Formen sehr erleichtert und beschleunigt."

Die Thatsachen, auf welche sich F. Müller dabei stützte, bestehen in den Resultaten einiger Versuche mit Pflanzen, deren Zahlenverhältnisse in Betreff der Samenreihen (Mais) oder der Griffel oder der Blumenblätter durch Auswahl bei der Züchtung in bestimmter Richtung verändert wurden. Sie besagen genau genommen nicht mehr, als viele andere Fälle künstlicher Züchtung, z. B. als der des langschwänzigen japanischen Hahns, welcher im Text der Theorie als Beispiel untergelegt wurde, wenn auch die Ziffernform der Beobachtung den daraus gezogenen Schluss näher legt, als bei Fällen, in denen blos von „länger" oder „kürzer" die Rede ist.

Die Beurtheilung dieser Thatsache der Steigerung eines Charakters durch Zuchtwahl fasst F. Müller in folgende Worte: „Die einfachste Erklärung dieser Thatsachen scheint die zu sein, dass jede Art die Eigenschaft besitzt, in einer gewissen Breite zu variiren; die Kreuzung der verschiedenen Individuen erhält, so lange keine Auswahl in bestimmter Richtung stattfindet, die Mitte, um welche die Schwankungen stattfinden, auf demselben Punkte, und so bleiben auch die Extreme dieselben. Wird aber eine Seite durch natürliche oder künstliche Auswahl bevorzugt, so findet eine Verschiebung der Mitte nach dieser Seite zu statt, und damit werden auch die extremen Formen nach derselben Seite hin über die ursprüngliche Grenze hinausgerückt. Indess befriedigt mich diese Erklärung nicht für alle Fälle."

Es ist mir nicht bekannt, dass F. Müller seit dem Jahre 1872 auf diese Anschauung wieder zurückgekommen oder dieselbe weitergeführt hätte, auch habe ich nicht finden können, dass dieselbe von andern Schriftstellern erwähnt oder mit den bisherigen Vorstellungen über Selection verarbeitet worden wäre.

Der zweite Naturforscher, der dem Grundgedanken meiner

Germinal-Selection nahe gekommen ist, gehört der neuesten Zeit an. Es ist der englische Botaniker Thiselton-Dyer, ein Forscher, dessen gelegentliche Aeusserungen über die allgemeinen Fragen der Biologie mich schon oft sympathisch berührt haben. In einem Artikel „Variation and Specific Stability", welcher am 14. März 1895 in „Nature" erschien, stellt derselbe in Bezug auf diese Fragen 20 Thesen auf, von denen viele mir sehr gut und richtig erscheinen, unter ihnen auch die folgende: Von jeder Art gibt es eine mittlere specifische Form, um welche herum die Variationen symmetrisch gruppirt sind, wie die Schüsse um das Centrum einer Scheibe. Sobald Naturzüchtung eintritt und eine der Variationen begünstigt, so muss sie das Dichtigkeits-Centrum verschieben (shift). Variationen entstehen durch einen Wechsel in den äusseren Lebensbedingungen und können nützlich oder auch indifferent sein. Nur im ersteren Fall wird Naturzüchtung sich derselben bemächtigen und „the new variation will get the upper hand and the centre of density will be shifted."

Das ist zwar nicht Germinal-Selection, aber es ist dasselbe, was ich in dieser und der vorhergehenden Schrift als Verschiebung des Variations-Nullpunktes bezeichnet habe. Den Schluss, dass daraus eine der Nützlichkeit entsprechende, bestimmt gerichtete Variation resultirt, welche allein schon das Schwinden nutzlos gewordener Theile hervorrufen muss, hat Thiselton-Dyer nicht gezogen, weil er es überhaupt nicht versuchte, in die Ursachen der Verschiebung des Nullpunktes der Variation einzudringen. Fritz Müller sowohl, dessen Aeusserungen Thiselton-Dyer offenbar nicht kannte, als Letzterer selbst blieben bei dem Gedanken stehen, dass eine solche Verschiebung eintrete in Folge blos von Personen-Auslese. Dass man aber mit Personen-Auslese allein das Rudimentärwerden nutzlos gewordener Organe nicht erklären kann, lässt sich wohl nicht bestreiten, weil zwar wohl im Beginn eines Verkümmerungs-Processes die Minus-Variationen Selectionswerth möglicherweise haben können, sicherlich aber nicht im späteren Verlauf desselben, wenn das Organ bereits zu einer im Verhältniss zum ganzen Körper minimalen Substanzmenge zusammengeschwunden ist. Was sollte es dem Wal nützen, wenn sein in der Fleischmasse verstecktes, gar nicht mehr über die Haut hervorstehendes Hinterbein noch um einen oder einige Centimeter kürzer würde? (Spencer.) Wenn aber die Minus-Variationen keinen Selectionswerth haben, wie soll die obere Grenze der Variationsbreite immer weiter nach abwärts verschoben werden, was doch thatsächlich geschieht? Hier muss also noch etwas Anderes mitspielen als Personen-Auslese.

Zusatz 5: Historisches über die letzten Lebenseinheiten.

Wenn Delâge in seinem schon oben erwähnten grossen Buche („La structure du Protoplasma et les théories sur l'Hérédité" etc., Paris 1895) das Verdienst, die Nothwendigkeit der Annahme von kleinsten biologischen Einheiten zuerst erkannt zu haben, die zwischen dem Molecül und der Zelle stehen, dem Herbert Spencer zuschreibt, so irrt er. Brücke hat schon drei Jahre vor Spencer diese Idee ausgesprochen und ausführlich in einer besondern und — wenigstens in Deutschland — berühmt gewordenen Abhandlung begründet („Elementarorganismen". Wien, Sitzungsberichte vom 10. October 1861: Bd. 44, II, p. 381). Spencer's „Principles of Biology" sind in den Jahren 1864—68 erschienen; über die Priorität des Gedankens kann also ein Streit nicht stattfinden. Sonderbarer Weise führt Delâge die Schrift Brücke's im „Index bibliographicus" am Ende seines Buches ganz richtig an, ohne dass doch Brücke's Namen und Ansichten im Buche selbst irgendwie vorkämen, was um so merkwürdiger ist, als er Wiesner's „Elementarstructur" eingehend bespricht, welcher nicht nur Brücke's Conception oft Erwähnung thut, sondern eben dieser Conception zu Ehren dem damals (1892) noch lebenden Brücke sein Buch widmet. Die „Elementarorganismen" Brücke's sind auch keineswegs blos ein Vorläufer der „physiological units" Spencer's gewesen, sie sind vielmehr meiner Ansicht nach besser begründet als diese, welche — wie Delâge auch völlig richtig bemerkt — im Grunde Nichts sind, als vergrösserte Molecüle, nicht aber derartige Combinationen verchiedenartiger Molecüle, dass sie durch ihr Zusammenwirken die Lebenserscheinungen hervorbringen müssen, dass also der Sitz des Lebens recht eigentlich in ihnen gelegen ist. Delâge sagt darüber treffend: „Les Unités physiologiques ne sont que des molécules chimiques plus compliques que les autres et telles, qu'il les définit, tout chimiste les appellera des molécules chimiques. Il ne leur attribue, en effet, aucune propriété distincte par sa nature de celle des molécules chimiques." Assimilation, Wachsthum, Fortpflanzung, kurz die Attribute des Lebens sind von Spencer seinen Einheiten nicht zuertheilt worden, während Brücke schon im Namen „Elementar-Organismen" den Gedanken „letzter lebender Einheiten", wie Wiesner es ausdrückt, kundgibt. Allerdings, so scharf und bestimmt ist gerade diese Seite der Lebens-Einheiten auch von ihm noch nicht betont worden, wie dies von neueren Forschern geschehen ist, welche Brücke's Gedanken nach dreissigjährigem Schlaf in unsern Tagen wieder aufnahmen und weiter entwickelten; ich meine die Vorstellung, dass die Lebenserscheinungen eben gerade in diesen kleinsten Lebenseinheiten zu Stande kommen durch das Aufeinander- und Zusammenwirken einer bestimmten Combination verschiedenartiger Molecüle. Dies ist zuerst von De Vries, „Intracelluläre Pangenesis" (Jena 1889), und einige Jahre später von Wiesner und von mir selbst geschehen (Wiesner, „Die Elementarstructur und das Wachsthum der lebenden Substanz", Wien 1892; Weismann, „Das Keimplasma", Jena 1892).

Ich beabsichtige keineswegs mit diesem Eintreten für die Verdienste Brücke's dem mit grösster Genauigkeit und Gewissenhaftigkeit arbeitenden Verfasser der „l'Hérédité" einen Vorwurf zu machen. Bei der unendlichen Fülle des literarischen Stoffes, welchen derselbe für sein alle Theorien der Neuzeit umfassendes Buch zu bewältigen hatte, ist ein solches Versehen gewiss sehr entschuldbar; ich möchte ihm nur Gelegenheit geben, den Irrthum zu beseitigen.

Zusatz 6: Die Anfangsstufen nützlicher Abänderungen.

Wenn ich den alten Einwurf, dass die Variationen Anfangs noch zu klein seien, um nützlich zu sein und selectirt zu werden, als den „mindest" schwerwiegenden bezeichnete, so befinde ich mich damit in schroffem Gegensatz zu einigen Schriftstellern der jüngsten Tage, welche diesen alten, dem Selectionsprincip in den Weg geworfenen Stein des Anstosses mit erneuerter Energie wieder aufgenommen haben. Bateson[1]) hält den mangelnden Nachweis von der Nützlichkeit der Anfangsstufen geradezu für den ernstesten Einwurf, der der Selection gemacht werden könne. Neue Organe müssten nothwendiger Weise zuerst unvollkommen sein, wie könnten sie da selectirt worden sein, da unvollkommene Organe doch nicht nützlich sein könnten. Von vielen Seiten ist bereits auf diesen und ähnliche Einwürfe geantwortet worden, Darwin selbst hat darauf hingewiesen, dass schon kleinste Variationen Selectionswerth haben können, Dohrn hat sein Princip des Functionswechsels geltend gemacht, welches ja gerade in Bezug auf die Frage nach der Nützlichkeit der Anfangsstufen sicherlich eine grosse Bedeutung hat. Aber freilich beruht nicht jede Umwandlung und Neubildung im strengen Sinne auf Functionswechsel, und weder Darwin noch Wallace und noch den übrigen heutigen Vertheidigern des Selectionsprincips kann es je gelingen, in jedem Falle den Selectionswerth einer Anfangsstufe zu erweisen. Das kann schon deshalb nicht gelingen, weil wir in keinem Falle morphologischer Variation diese Anfangsstufen wirklich kennen. Dass „neue Organe zuerst nothwendiger Weise unvollkommen" sein müssten, scheint zwar einleuchtend, ist aber im Grunde

---

[1]) „Materials for the study of Variation with especial regard to discontinuity in the origin of species", London 1895, p. 16.

ein bedeutungsloser Ausspruch, denn es ist nicht nur möglich, sondern sicher, dass „unvollkommene" Organe dennoch von Selectionswerth sein können und in bei Weitem den meisten Bildungen gewesen sind. Wenn wir heute eine ganze lange Stufenreihe von Waldschmetterlingen kennen, welche die Blattähnlichkeit besitzen und durch sie dem spähenden Auge sich entziehen bis zu gewissem Grade, trotzdem diese Aehnlichkeit bei manchen Arten noch sehr unvollkommen ist, bei andern vollkommener, bei den wenigsten ganz vollkommen, so beweist das eben, dass auch „unvollkommene" Bildungen nützlich sein können. Das Wort „unvollkommen" ist eben selbst hier recht unvollkommen, denn es ist völlig anthropomorph gemeint und beurtheilt den biologischen Werth einer Bildung nach unsern Maler-Begriffen von der Treue einer Blatt-Copie, während es doch hier nur auf die Schutzwirkung für die betreffende Art ankommt, die keineswegs blos von der Treue der Copie (= „Vollkommenheit" der Nachahmung) abhängt, sondern zugleich von vielen andern Factoren, der Häufigkeit und Scharfsichtigkeit der Feinde, der Fruchtbarkeit der Art, ihrer Häufigkeit, ihrer Verfolgung in früheren Entwicklungsstadien u. s. w., kurz ihrer Schutzbedürftigkeit einerseits und ihren übrigen Schutzmitteln andrerseits.

Alles das lässt sich in keinem Falle genau nachrechnen, und so wird es besser sein, anstatt um den einzelnen Fall zu markten und zu feilschen, den wir doch nie mit einiger Sicherheit beurtheilen können, sich auf den im Text eingenommenen Standpunkt zu stellen und zu sagen: da die Nützlichkeit der Anfangsstufen angenommen werden. muss, wollen wir nicht auf jede Erklärung der Anpassung verzichten, so nehmen wir sie an. Ein Widerspruch gegen irgend eine Thatsache wird mit dieser Annahme nicht gesetzt, und es gibt sogar individuelle Variationen, deren eventuelle Nützlichkeit sich nachweisen lässt, z. B. die unsichtbaren Unterschiede, welche es bedingen, dass Europäer gewisser Constitution von den tropischen Malaria-Fiebern nicht oder nicht leicht befallen werden, — oder die ebenfalls nicht direct wahrnehmbaren Structurdifferenzen, welche

Palmen vom Abhange der Cordilleren besser unserem Winterklima Widerstand leisten lassen, als solche derselben Arten vom Fusse des Gebirges u. s. w.

Zusatz 7: Die Annahme innerer Entwicklungskräfte.

Eine bestimmt gerichtete Variation ist nicht nur im vergangenen Jahrzehnt von Nägeli und Askenasy postulirt worden, sondern auch in neuester Zeit wiederholt von verschiedenen Seiten. Rev. George Henslow in seiner Schrift „The origin of species without the aid of natural selection" 1894, hält die im Naturzustande vorkommenden Variationen immer für bestimmt gerichtet (definite), nicht, wie Darwin, für unbestimmt, und begegnet dem Einwurf, dass daraus wohl Veränderung, nicht aber Anpassung an die äusseren Lebensbedingungen abgeleitet werden könne, durch die kühne Annahme, dass die äusseren Lebensbedingungen es eben gerade seien, welche die besten Variationen hervorrufen („that the environment induces the best fitted to arise"). Daraus schliesst er weiter, dass also Naturzüchtung Nichts zu thun habe mit der Entstehung der Art. Seiner Ueberzeugung liegt die gewiss richtige Ansicht zu Grunde, dass die Summirung zufälliger Variationen nicht genügt zur Umwandlung der Arten, dass es dazu einer bestimmt gerichteten Variation bedarf. Wieso aber äussere Bedingungen im Stande sein sollten, stets die zweckmässigen Variationen hervorzurufen, darüber vermag er keine Auskunft zu geben — wenn ich nicht irre, aus dem einfachen Grunde, weil es nicht so ist, weil nur scheinbar die äusseren Bedingungen die Variationsrichtung bestimmen, während in Wahrheit die Zweckmässigkeit selbst es ist, die durch das Mittel von Ausleseprozessen innerhalb des Keims die nützliche Variationsrichtung hervorruft.

Auch Lloyd Morgan hat sich vor Kurzem für die Nothwendigkeit einer bestimmt gerichteten Variation ausgesprochen, aber ebenfalls ohne sie begründen und ohne zeigen zu können, wie ihre Wirksamkeit vereinbar ist mit der offenkundigen Thatsache der Anpassung an die Lebensbedingungen. Er versucht es wohl, den Ursprung der Variation in „mechanical stresses, and chemical or physical influences" zu finden, aber diese Vorstellung ist zu allgemein, um uns weiter helfen zu können. Er hat sich eben noch nicht von der Vererbung erworbener Eigenschaften völlig lossagen können.

Auch Emery[1]) sieht nur die Alternative einer „bestimmt gerichteten Variation" aus inneren Gründen und einer Summirung „zufälliger" Variationen. Er sagt: „eine Summirung von ganz zufälligen Variationen nach einer gegebenen Richtung ist deswegen so ausserordentlich schwierig", weil „die Naturauslese ihr Glück vom Zufall erwartet, wobei noch möglich ist, dass das wenige derart erzeugte Gute durch andere Zufälle (Positionsnachtheile) dahingerafft oder durch unglückliche Kreuzungen in den folgenden Generationen verwischt werde". Wir können deshalb — so fährt Emery fort — wohl begreifen, „wie manche Forscher die ganze Zuchtwahltheorie als ein Märchen anschauen oder sich in die Arme des Lamarckismus werfen". Gewiss hat Emery hier das Ungenügende richtig hervorgehoben, was in der Annahme einer Selection „zufälliger" Variationen liegt, er hat die Nothwendigkeit erkannt, nicht mit einzelnen Variationen, sondern mit „Variationsrichtungen" zu operiren, aber die Herleitung gerichteter Variationstendenzen aus den bekannten Factoren hat er nicht versucht; er denkt sie sich offenbar wie etwas aus unbekannten konstitutionellen Gründen Entsprungenes und schreibt ihnen deshalb auch die Fähigkeit zu, gewissermaassen über das Ziel hinauszuschiessen, d. h. über die Nützlichkeit hinaus fortzuwirken und so Veränderungen zu erzeugen, die zum Untergang der Art führen können.

---

[1]) „Gedanken zur Descendenz- und Vererbungstheorie." Biolog. Centralblatt 1893, Bd. 13, p. 397.

Pierer'sche Hofbuchdruckerei Stephan Geibel & Co. in Altenburg.